成功

別讓不懂成功的成功學害了你

林大有◎著

成功只是看起來很難

劍橋大學的一位韓國學生，經常在學校的咖啡館聽那些諾貝爾獎獲獎者、學術權威和經濟學家聊天，他發現，這些人把自己的成功都看得非常自然和順理成章。然而，他在閱讀大部分成功人士的傳記和關於成功學的書籍時，卻得到了一個完全相反的論點：成功很難！

難道成功對於我們普通人而言真的是遙不可及嗎？

接著，這位韓國學生又做了進一步的研究，最後他發現，為了讓正在創業的人知難而退，一些成功人士普遍會誇大創業的艱辛，於是，專注於心理學研究的他寫了題目為《成功並不像你想像得那麼難》的畢業論文。

現代經濟心理學創始人威爾．佈雷登教授讀後驚喜的認為，這是心理學研究的一個新發現，他寫信給自己的劍橋校友韓國政要朴正熙說，我不敢說這篇論文對你有多大的幫助，但我敢肯定它比你的任何一個政令都能產生震動。

成功其實不難，這是從一個全新的角度告訴人們：如果你對某一事業感興趣，那就長久堅持下去，上天賦予每個人的時間和智慧，足夠你把這個事業做得圓滿。

而說到成功，當然離不開成功學。

不過令人遺憾的是，有人把成功學和消費主義、性自由一起歸為現代社會的三顆毒藥。

其實，成功學是良藥，只是有時候有點苦而已，那些誤解成功學的人是被不懂成功的「成功學」給騙了。

真正的成功學，自然包含了人人想得到的功名成就，但不是「三個月賺到一百萬」、「有車有房」、「三十五歲以前退休」的功利主義，更不是潛規則和厚黑學，而是讓你遇到未知的自己，生活得更快樂、更有尊嚴、更有成就感。

當然，對於成功，每個人對它的界定都會有所不同，如果你的成功完全是以別人的評判為標準，那麼你的喜怒哀樂豈不是完全由別人來控制，命運掌握在別人手上了？

所以，要自己定義成功，每天進步一點點，努力實現自己訂立的目標就是成功。

這也是貫穿本書的一個理念：用不變的成功法則幫助讀者實現萬變的成功目標。

也許有的讀者會有疑問：我一直很努力，為什麼總是與成功失之交臂呢？

歸根究柢，是你陷入了思維的死角：要不就是沒有堅持，要不就是堅持了毫無意義的堅持。

在這個世界上，任何成功都是有條件的，而先決的條件，也就是人們所說的接受你改變不了的，改變你可以改變的。

新英格蘭的婦女運動名人格麗．富勒曾將一句話奉為真理，這句話是：「我接受整個宇宙。」「是的，你我也應該能接受不可避免的事實。即使我們不接受命運的安排，也不能改變事實分毫，我們唯一能改變的，只有自己。」

成功學大師卡內基也說：「有一次我拒不接受所遇到的一種不可改變的情況。我像個蠢蛋，不斷作無謂的反抗，結果帶來無眠的夜晚，我把自己整得很慘。終於，經過一年的自我折磨，我不得不接受我無法改變的事實。」

其實所有的困境，包括死，都是藉助你自己的恐慌來傷害你的。要鎮定的對待困境，把它看成是一個強大的對手，是命運對你的錘鍊，你就可以從中獲益。

面對不可避免的事實，我們就應該學著做到詩人惠特曼所說的那樣：「讓我們學著像樹木一樣順其自然，面對黑夜、風暴、饑餓、意外等挫折。」

我們每個人遲早要學會這個道理，那就是我們只能接受並配合不可改變的事實。面對現實並不等於束手接受所有的不幸。只要有任何可以挽救的機會，我們就應該奮鬥！

接受你改變不了的，你就會拒絕做那個走進死胡同而忙碌的傻瓜；改變你所能改變的，你就會一步步走向自己的成功。

而改變的驚喜，就在打開本書的那一刻開始了！

成功自有它的方法，別做忙碌的傻瓜

「你很忙嗎？」經常被當作一句寒暄的話。

「忙！」這個問題得到的答案竟然驚人地一致，通常是有氣無力的回答。

上班族生活節奏日益加快，競爭壓力也越來越大，面對社會競爭，我們的生活總是忙碌至極、行色匆匆。就連工作空檔的時間也安排得滿滿的，不是去為自己「充電」就是去尋找、獵取新的發展機會，或是為了這一切硬著頭皮去參加各種應酬，我們幾乎捨不得給自己安排一點享受生活的時間，也不懂得適時放鬆對事業發展的好處。

我們幾乎已經開始把忙與成功、閒和失敗聯繫在一起了，然而世界上一些最成功的人卻是在做好本業的同時會很合理地安排家庭生活和休閒娛樂活動，並使事業與生活相得益彰。

有這樣一個故事：一個遊人看到道路兩邊各有一座花園，左邊的那個雜草叢生，右邊的花園裡則盛開著芬芳的玫瑰。讓人感到奇怪的是左邊花園裡的園丁正忙得滿頭大汗，右邊花園裡的園丁卻靠在樹上悠閒地吹著口哨。遊人就去問右邊花園的園丁有什麼秘訣？園丁回答說：「以前我也像他那樣想拔光園內所有的雜草，但是，無論我怎樣努力也是做不到的，因為雜草長得實在是太快了。現在我只要用心種好玫瑰，雜草自然就沒有地方生長了。」

經營人生就如同管理花園一樣，需要正確的方法。你有沒有想過：你忙碌的目的是什麼？當然是為了成功。但是忙碌有利於你的成功嗎？

事實上忙碌有可能會限制住成功。

詹姆斯．沃森說：「假如你要做大事，稍微降低工作量是必要的。」他與法蘭西斯．克立克因為成功發現ＤＮＡ基因密碼而共同得到諾貝爾獎。一本敘述科學人性的作品：《螺旋》，將他們如何減少工作量，也就是把他們遊手好閒、度週末、舉行派對、做客以及其他娛樂的故事作了幽默的描述。沃森與克立克有幸研究各種觀念，與許多領域的科學家交換意見，參加世界各地的會議。但是最重要的是，他們有時間去思考自身的所見、所聞、所讀，這也是沃森嘉許降低工作量之意。假如這兩位研究學者沒有獲得大筆的研究補助款，假如他們必須身兼兩份工作來維生，大概就無法有這麼大的成就了。

拿破崙．希爾認為，騎腳踏車的人走不遠。假如你過於忙碌地工作而沒有時間去思考你做的事，你將無法充分利用你的成就。

降低工作量你才有空做廣泛而非狹隘的研究，假如你過於專注在自己小小的領域，你不會知道其他領域也許對你目前從事的事有極大的影響。除非有時間廣泛涉獵、學習他人所做的事，否則創新不可能發生。

全新的發明極少發生，革新幾乎總只是將兩種以上已知的觀念以新奇的方式組合在一起。例如，羅伯特．富爾敦的商業性汽船就是由兩種發明組合而成的：一個是蒸汽引擎，另一個是造船技術。當然富爾敦必須對兩種技術都知道一點，才能開發出融合兩種技術的新技術。此外，他還需要時間來思考這些事情。

過分忙碌的管理者和專業人士可能陷入精疲力竭的狀態，可能忙得沒有時間思考，可能失去工作與生活的平衡，導致疾病纏身甚至英年早逝……

將每一刻發揮到最大效率，並不意味著要將自己搞得十分緊張。打破常規會使你工作速度更快、效率更高。別將忙碌與效率混為一談，有時候企業裡最好的職員最有生產力的時間，就是在作白日夢時。

在中午時分休息一會兒，將會使你精力充沛。鍛鍊身體也能使你頭腦清晰、身體健康。週期性娛樂十分鐘以及做深呼吸，既能讓你情緒高昂，也能使你心靜如水。建議你每週休假一整天。同樣做一件事，如果你能有效地支配時間——你將事半功倍。

本書將要告訴你成功的真相以及要如何做才有效。

快樂的人生在於不斷成功，而成功是我們來到這個世上唯一的目的。它是每個人與生俱來的權利，是生活的原本面貌，也是我們每一個人都應該承擔起來的責任。

與那些為了成功而苦苦掙扎的人們相比，那些在各個領域中的頂尖人物對待生活的看法迥然不同。這種區別不是因為智商的差異，而是一種觀念上的區別。

成功人士都是懷有「我一定要成功」的積極心態，他們都是屢受挫折仍不斷進取的人。

成功值得我們去夢想，寧可因夢想而忙碌，不要因忙碌而失去夢想。從來就不去夢想的人，生活必定平淡庸俗。

成功就是實現自己的目標，一開始心中就懷有最終目標，便是意味著從一開始時你就知道自己的目的地在哪裡。朝著自己的目標前進，至少可以肯定，你邁出的每一步都是正確的。那種看似忙碌、最後卻發現自己是背道而馳的情況是非常令人沮喪的。這是許多效率低下、不懂得用卓越方法工作的人最容易出現的錯誤，他們往往半途而廢，把大量的時間和精力浪費在無用的事情上了。

其實成功並不像想像中的那麼難，世上有很多事只要想做都能做到，只要你對某一事業感興趣，長久地堅持下去就會成功，並不需要鋼鐵般的意志和超人的智慧。

我的書不是寫給那些天生就具有聰明的頭腦，有著鋼鐵般的意志，永遠感受不到情緒的低落，從未嘗過無助、恐懼、迷茫滋味的人。我的書是獻給那些不斷遭受挫折，但仍渴望成功而不放棄努力的人，那些不甘於平庸，決心終生學習、終生進步的人，以及那些永不放棄追尋理想、幸福的人。

〔目錄〕Contents

〔目錄〕Contents

第一章　告訴你成功的真相

每個人都會對未知的事情有所顧慮，尤其是當我們並不知道能做什麼、適合做什麼、做什麼可以讓我們開心的時候，就更是如此了。所以，我們一方面強調要改變自己的人生格局，另一方面還得知道自己究竟往哪裡改才合適。如果自己對這方面沒有把握的話，你不妨可以試著去看一看成功背後的真相。

其實，要成功很簡單：找到自己的所愛，一直堅持下去就行了。

有一個大學生畢業後在一家出版社當編輯，編了幾本書，然而市場反應並不怎麼好，發行量也只是勉強收回成本而已。同時在這個過程中，他籌劃了幾個月，專心投入的幾個案子也因為合作不善最後導致流產。所以，原本話就不多的他變得越來越內向，而且不願意與人溝通，也變得不再相信別人，不管什麼事情都要親力親為。他在一些工作的細節上，不管是對自己還是他人都要求非常嚴格，變得非常苛刻。結果弄得同事們都不願意跟他共事，主管對他的做法也不再認同。本來就很敏感的他也知道是自己出了問題，但是卻無力解決，內心極為痛苦。

後來，朋友瞭解了他的情況，建議他去找職業諮詢師聊一聊，或直接去看看心理醫生。內心敏感的他並不想讓別人覺得自己有病，但是對於職業諮詢師的建議他倒是願意接受，於是在一個週末的下午，他滿懷猶豫和不安找到了職業諮詢師。

職業諮詢師聽他說了兩三句話後，就對他下了一個評語：你不太相信別人，只相信自己。

他愣住了，不明白職業諮詢師為什麼會在如此短的接觸後就能一語道破天機，指出他的癥結所在。

接下來，職業諮詢師進一步為他作了診斷並開出「藥方」：你是一個完美主義者，對自己和他人都有很高的要求。當然你也是一個非常聰明的人，對人對事充滿了好奇心，具有非常好的創造力。所以，你不適合從事需要與很多人溝通合作的工作，你可以去嘗試一些獨立性比較強的職業，比如畫家、雕刻家、平面設計等等。尤其是平面設計，現在的社會需求很大，你可以用自己的業餘時間先去做一些相關的培訓，看自己是否對此有興趣。

聽了職業諮詢師的一番話，他內心猶如被點亮了一盞明燈。其實，他很小的時候就對美術感興趣，非常有繪畫天賦，只是後來選擇了其他職業當上了編輯……

半年之後，他再次來到了職業諮詢師的工作室，這次的他簡直與之前判若兩人，笑容一直掛在他的臉上，他不停地陳述著自己的成功。原來，自從半年前聽了職業諮詢師的一番精確分析後，他就辭職去了一家平面廣告設計公司。他先是靠自己摸索學會了電腦設計軟體，憑著紮實的美術底子和苛求完美的精神，加上工作十分認真負責，凡是他設計的廣告，都受到客戶的稱讚。最近，他已經被升為設計部主管了。所以，這次他特地跑來向曾經幫助他的職業諮詢師說聲謝謝。

每個人在追求成功的道路上所花的力氣是不一樣的，這取決於你是否把自己的過人才能用對了地方。

我們必須先瞭解自己，認識自己真正的潛力所在才能掌握自己的命運。我們要相信自己的能力，但同時也要相信在這個世界上並不是所有的事情都是我們能夠做到的，別人可以辦到的你未必辦得到，相反地，別人辦不到的，也許你可以做的很好。與其將時間浪費在你不擅長卻熱愛的事情上增加自己的苦悶，不如正確認識自己，發現心底的渴求，然後去創造屬於自己的奇蹟。

我們每天都有許多事情值得去做，但有一條原則不能變，那就是一定要做你真正想要做的事。

這樣，成功就離你不遠了。

第一節

成功是每個人的權利和責任

沒有人不渴望成功，在我們每個人的內心深處都充滿了對美好生活的夢想。但是不知從何時開始我們習慣了安於現狀的生活，甚至不敢去觸摸那些夢想的邊緣，因為理智告訴我們，最好遠離這些「妄想」，否則會讓自己痛苦不堪。所以，在還未開始之前，我們就先被自己擊倒了。

人生最大的痛苦莫過於自己沒有極力把握住心中的那份堅持，因此我們所要做的就是要盡自己最大的努力去做自己想做的事。只要有一線希望，就不要停下來，如果真的沒有路可走了，那就另闢其他的路。總之，在理想沒有放棄我們之前，我們是絕對不可以放棄理想的。

成功並非是一場競賽，也不是一座難以跨越的高山，其實它只是你與生俱來的權利，它應該是你生活的本來面目。

生活真是有趣：如果你只接受最好的，你便經常會得到最好的。

有一個人經常出差，常常買不到火車的座票，可是無論長途、短途，無論車上多擠，他總是能找到座位。

他的辦法其實很簡單，就是耐心地一節車廂一節車廂找過去。這個辦法聽起來似乎並不高明，但卻真的很管用。每次，他都做好了從第一節車廂走到最後一節車廂的準備，可是每次他都不用走到最後就會發現空位。他說，這是因為像他這樣鍥而不捨找座位的乘客實在不多。然而在他所坐的車廂裡常常尚餘若干座位，而在其他車廂的走道和車廂接頭處，居然人滿為患。

他說，大多數乘客很容易就被一兩節車廂擁擠的景象給迷惑了，不去細想在數十次停靠之中，從火車十幾個車門上上下下的流動中蘊藏著不少提供座位的機會；即使想到了，他們也沒有那一份尋找的耐心。眼前一方小小立足之地很容易讓大多數人滿足，為了一兩個座位背著行囊擠來擠去，有些人也覺得不值得。他們還擔心萬一找不到座位，回頭連個好好站著的地方也沒有了。

與生活中那些安於現狀不思進取又害怕失敗，永遠只能滯留在沒有成功起點上的人一樣，這些不願主動找座位的乘客大多只能站在上車時最初的落腳之處，一直站到下車。自信、執著、富有遠見、勤於實踐，會讓你握有一張人生之旅永遠的座票。

成功對於我們每個人來說都是一劑興奮劑，伍爾費說過，世間沒有任何東西能比成功的感覺更令你感到舒服的了。快樂的人生在於不斷成功，而成功是我們來到這個世上唯一的目的。

成功有擋不住的誘惑，它激勵著無數渴望成功的人們為之奮鬥、付出乃至犧牲生命。為了成功，科學家走出了現實的時空，忘卻了現實的困難、苦惱，把注意力投向未來，成為時代的真正超人。

戰國時代，蘇秦為了實現參與時政、影響諸侯的理想，發奮讀書。夜間讀書時疲倦欲睏，便引錐自刺其股，血流至足，最後終成大器，以合縱干預時政。

有人問邱吉爾成功意味著什麼，邱吉爾說，我可以用兩個字來回答那就是「勝利」，不計一切代價的勝利，不顧一切恐懼的勝利，不論路多長、多艱難的勝利，因為沒有勝利即沒有生存。

邱吉爾出生於愛爾蘭，七歲入學讀書，直到中學畢業，他的學業成績一直不好，老師認為他低能、遲鈍，不會有太大的出息。但是邱吉爾卻對自己充滿信心，他努力學習英文，又到印度從軍，並利用那段時間研讀各種書籍。經過磨練，邱吉爾成為一個優秀的成功者，他所認識的英文單字量達四萬字，成為認識英語單字最多的人。後來，他被任命為英國首相，率領英國人民參加偉大的反法西斯戰爭。邱吉爾在就職時發表的「我沒有別的，只有熱血、辛勞、眼淚和汗水貢獻給你們」的演講詞，成為演講初學者模仿的範文。

為什麼成功會對人產生這麼大的誘惑？心理學家馬斯洛認為成功滿足了人們心理最高層次的需要——自我實現的需要。按照他的理論，人的需求共有五種，它們包括：生理需求、安全需求、社會需求、自尊需求、自我實現需求。人的需求是分層次的，前一種需求的滿足是後一種需求產生的條件；人的行為不是由已經得到滿足的需要決定的，而是由新的需要來決定的。五種需求中，自我實現需求是最高級的需求，它是指充分發揮人的潛能，實現個人的理想、抱負。這是人類最崇高的理想。自我實現需求包括兩個方面：一是勝利感，二是成就感。在自我實現的層次中，人是以實現自我而行動，所以最能表現人類的生活方式。人類的本性和最終目標是實現真、善、美。

每一個人都希望成功，也都各自做努力，但是在這世界上，真正的成功者卻很少，這是為什麼呢？

成功者之所以會成功，自然有許多方面的原因，但其中最重要的原因之一，就是因為他們的心態與眾不同，他們絕不甘於平庸，他們堅決的認定：「我必須成功！」

具有強烈成功欲望的人，他們清楚的知道：只有成功，才能真正的解除他們的痛苦和滿足他們所要的快樂，所以他們一定要成功。而他們更清楚的知道，成功所要付出的代價是什麼，他們做了與其平庸不如痛苦這樣的人生選擇。

這個世界真的很公平，你要得到一些東西，就必需捨去另一些東西。所謂「捨得」，說的也就是先有捨後有得。如果你想成為一個成功者，你就必需付出相對的代價，要比別人更加努力，放棄一些平凡人所擁有的快樂。比如說：打麻將、閒聊，看一些無聊的電視節目。而又必須承受一些平凡人不願承受的痛苦。比如說：失敗的打擊、寂寞、孤獨、不被人理解。這就是很多人不能成功的原因，不願放棄快樂和承受痛苦。

所以說想要成功，你要先有一個成功的心態，馬斯洛說：「心若改變，你的態度便跟著改變；態度改變，你的習慣便跟著改變；習慣改變，你的性格便跟著改變；性格改變，你的人生便跟著改變。」某位哲人也說：「你的心態就是你真正的主人。」一定要讓自己明白，成功並非與你無關，你有權利成功，並且為了你自己生命的價值和你的家人，你也有責任成功，你必須要成功。

有人說過這樣一段精闢的話：「如果你不努力成功，你就會被社會拋在後面，落在金字塔的底層，這會產生兩種結果：一是你會感覺到整個金字塔的重量壓在了你身上，好像整個社會都在欺負你。二是你在底部，處於黑暗之中，感覺不到陽光的照耀和生活的美好，只有到了頂部你才能在險峻的山峰上見到無限風光。」

我們每一個人，都在這個社會上扮演著不同的角色，或是做人子女，或是為人父母等，仔仔細細的想一下，我們是否擔起了自己的社會責任？讓你的父母親安度晚年，讓你的子女受到最好的教育，讓你的另一半過安樂的生活。因為，這是你的責任。

所以，成功不是你想不想，也絕不是你要不要，而是你必須做的。因此，為了責任去努力、奮鬥，直達成功，從現在開始做一個「勇往直前」，「經歷數次失敗」而百折不撓的人吧！在人生道路上，為追求真正屬於自己的生活而竭盡全力，飽嚐心酸和痛苦的人生才是美麗的人生。

第二節

成功並不像你想像的那麼難

「成功與勞其筋骨，餓其體膚沒有什麼關聯。只要你對某一事業感興趣，長久地堅持下來，就會成功，並不需要鋼鐵般的意志和超人的智慧。該克服的困難自然都能克服，該解決的難題也都會有辦法解決。」

回想一下，我們自己從童年到現在的經歷，出現過我們無論如何都無法應對的局面嗎？可以說，沒有。因為上帝交給我們一項任務，它必定同時賦予我們完成這項任務的能力。上帝賦予我們的時間和智慧足夠讓我們圓滿地做完一件事情，只要一個人不放棄努力和等待，他終究會成功的，最後他會發現造物主對世事的安排都是水到渠成。

世上的很多事情只要真心想做都能做到，有些事情甚至是讓人感到不可思議。

某一天，有個人發現一隻黑蜘蛛在後院的兩簷之間結了一張很大的網。難道蜘蛛會飛？否則從這個簷頭到那個簷頭，中間有三百多公分寬，第一根線是怎麼拉過去的？後來經過仔細觀察，這個人發現蜘蛛繞了許多路，從一個簷頭打結，順牆而下，一步一步向前爬，小心翼翼，翹起尾部，不讓絲沾到地面的沙石或別的物體上，走過空地，再爬上對面的簷頭，高度差不多了，再把絲收緊，以後也是如此。

蜘蛛不會飛翔，但是牠能夠把網結在半空中。牠是勤奮、敏感、沈默而堅韌的昆蟲，牠的網織得精巧而規矩，八卦形地張開，彷佛得到神助。這樣的成績，使人不由想起那些沈默寡言的人和一些深藏不露的智者。於是，我記住了蜘蛛不會飛翔，但是牠照樣把網結在空中的奇蹟。這種奇蹟是執著者造成的。

在中國大陸有這樣一個真實的故事，簡直像奇蹟一樣，一個中專（高職）畢業生經過十年的努力最後到哈佛大學甘迺迪政治學院讀書。他的經歷是這樣的：

他中專畢業後到了山西內地一個小縣城的縣政府工作，工作兩年以後，他覺得在縣政府的工作平庸無奇。而且周圍的人都不求上進，平平淡淡。他不想繼續過這種沒有未來的日子，毅然放棄了那份令別人羨慕的工作，這在當時是需要勇氣，並且是很難讓人理解的。

他背個破書包來到了北京。在北大旁邊租了個小平房，開始自學參加考試，拿到了大專文憑。他在求學過程中認識了一些北大的教師和同學，這些人鼓勵他考北大政治系的研究所。於是他開始準備研究所的考試，經過兩年的努力，他竟然如願考上了。在校期間他積極參加學生活動，曾經做過北大研究生會主席。

在北大上了三年研究所後，他只想畢業後留在北京找一份好一點的工作，並沒有出國的打算。但是他周圍的很多同學都準備出國。他也意識到出國留學對將來的事業發展會有很大的幫助。漸漸地，他熟悉了出國的程序，並在一次偶然的機會下認識了新東方留學考試補習班的一個老師。經過教師的分析，認為他很有希望出國留學，唯一要準備的就是要通過 TOEFL 和 GRE。因為他的英語基礎不是很好，結果他一邊工作一邊充電。準備了兩年多，最後他 TOEFL 考到了六百多分，GRE 考了兩千兩百多分。有了 TOEFL 和 GRE 的分數，他就有了出國最基本的條件。

於是他就開始申請國外的大學。起初他只是想申請美國一般的大學，但是在朋友的鼓勵下，他有了申請好大學的念頭。他報著試試看的想法申請哈佛、耶魯等名校。最後被哈佛大學錄取了，但是哈佛大學沒給他獎學金，於是他又到處借錢做自我擔保。在簽證時簽證官一看他是去哈佛大學讀書，只例行公事問了他幾個簡單的問題就給了他簽證。因為他沒有獎學金，所以到了哈佛以後過得很辛苦，第一年拼學業，結果成績優異，第二年哈佛大學就給了他獎學金。

他的奮鬥過程很艱苦，也很令人佩服。從一個中專生奮鬥到哈佛大學，他整整用了十年時間。正所謂「十年磨一劍」，用十年的時間專注的做一件事就一定會成功。一個人要成功，一年時間太短，但是你給自己十年的時間，你絕對可以出類拔萃，從默默無名到世界頂尖只需要十年的時間，它絕對不需要很久，但是需要十年的時間。

「怕吃苦吃一輩子苦，不怕吃苦吃半輩子苦」，努力一陣子就不會辛苦一輩子，十年的努力，換來一輩子的幸福快樂，我覺得蠻值得的。人說成功很辛苦，那麼失敗就很快樂很輕鬆嗎？應該是不會吧！我認為如果成功很難的話，那麼不成功其實更難。

第三節

成功是一種習慣

成功是一種思考與行為習慣。美國哈佛大學前校長伊勒阿特有句名言：「成功的習慣其本身就是成功的最大原動力。」

成功與不成功，真正的差別，在於成功的人很早就養成成功的習慣，所以他一直很成功。而窮人剛好與此相反，有這樣一個故事：

有一個窮人非常窮，一個富人見他可憐，就起了善心，想幫他致富。富人送給他一頭牛，讓他好好開墾，等到春天撒上種子，秋天就可以不再是窮人了。

窮人滿懷希望開始奮鬥。可是過沒幾天，牛要吃草人要吃飯，日子過得比過去還要艱難。窮人就想，不如把牛賣了買幾隻羊，先殺一隻吃，剩下的還可以生小羊，長大了拿去賣，可以賺更多的錢。

窮人的計畫如願以償，只是吃了一隻羊之後，小羊遲遲沒有生下來，日子又困苦起來，於是忍不住又吃了一隻。窮人想：這樣下去不得了，不如把羊賣了買一些雞，雞生蛋的速度要快一些，雞蛋馬上可以賣錢，日子可以立即好轉。

窮人的計畫又如願以償了，但是日子並沒有改變，又困苦起來，於是就又開始殺雞，終於殺到只剩一隻雞時，窮人的理想徹底崩潰，他想：致富是無望了，還不如把雞賣了打一壺酒，三杯下肚，萬事不愁。

很快春天來了，善心的富人興致勃勃來看窮人，發現窮人正吃鹹菜喝酒，牛早就沒有了，地還是荒著。富人一句話也沒說轉身走了，窮人則一直窮下去。

想要獲得成功便意味著你不得不為此放棄一些導致失敗的習慣，培養一些新的能力——這是一個創造成功很自然而然的過程，絕非一場難以忍受的苦役。有個非常有趣的現象，如果你向任何一個擁有成功而幸福生活的人士詢問：「培養新能力，達到自己的最佳境界是一種什麼樣的感覺？」他們往往會稍加考慮，然後微笑著告訴你：「那種感覺好極了！我無法想像以其他方式生活。」

（一）習慣成功的感覺

我們對自己的信心大都源自以往的經歷，在早期生活中沒有經歷過成功的學生往往沒有機會養成「成功的習慣」——那是在從事新工作時，自然就應該有的心理。每個小孩子的內心天生都有一股上進的動力，這就如同植物要向上生長一樣自然，我們所要做的就是不要人為的壓抑和破壞它。

如果老師留的作業過多，使學生不管怎麼努力也完成不了，這就會使學生心灰意冷，乾脆不去盡力的完成，慢慢就會養成不寫作業的壞習慣。這時孩子的心裡會感受到「內疚感」，同時老師、家長的批評會加重這種感覺。這種感覺對日後成功的危害要比沒寫完作業本身要大得多。而我們一再重複這種「失敗的感覺」就會養成失敗的習慣，我們日後的所作所為會因此而遭受不利的影響。

相反地，如果孩子的注意力能夠保持四十五分鐘，我們留下四十分鐘的作業，使孩子輕鬆愉快就能完成，這時心理會產生成就感，同時會從老師、家長那裡得到口頭或是暗示的獎賞。這樣孩子就會養成按時寫作業的好習慣，並且還會想做得更好。「小小的成功」可使學生們習慣「成功的感覺」，這在他日後的工作中會有無價的幫助。

我在複習研究所考試的時候，專業科目的書又厚又重，無論閱讀還是攜帶都很不方便，更重要的是對我的心理造成很大的負擔。於是我把厚厚的書按內容分成幾份，分別裝訂成小冊子，這樣看起來方便多了。最重要的是複習這樣一冊對我來說是能勝任的，使我的心理輕鬆不少，於是我便能愉快的把它複習好。等我考上以後發現班上很多同學都有這個習慣，其實大家都應用到一個原則：將一個大的困難化分成若干個小的困難，使我們在一定時間內可以勝任。

我們在小事上成功會造成一種成功的氣氛，它可以延伸到大事上，如此一來，我們就能做更困難的事。所以可以說，成功是建築在成功的基礎上，「一事成功，萬事順遂」真是再真實不過了。

另外，「退一步」也是邁向成功的秘訣之一，特別是在我們遇到瓶頸時，更應該把我們的目光稍微放低一點，以一種輕鬆的心情去面對。

每個人在學習當中有時會達到所謂的「停滯點」，就是到達那一點之後再怎麼努力也沒辦法獲得更多的進步，這時若硬逼著自己衝過這個「停滯點」，便很可能產生緊張、困難等種種「習慣性的感覺」。

在這種情況下，例如舉重選手就常常會減輕槓鈴的重量，而去練一會兒「易舉」的等級。保持世界打字冠軍頭銜多年的阿爾伯特．頓佳拉，每當他達到「停滯點」或學習高峰時，他就練習「慢打」，用比平時慢一半的速度打字。一位有名的推銷員，在他推銷量停滯時也使用此一原則。他不再去推銷大生意，也停止去找「不好對付的買主」，而是集中精力拉那些能夠「手到擒來」的買主。

無論對誰來說成功都是一劑最好的興奮劑，它會讓我們有信心去取得更多和更大的成功。每個人過去都可能成功過，但不一定是多大的成功，考試得了第一名、在全班面前演講、推銷出一件商品等等，成功本身的重要性其實還不如隨它而來的那種成功的感覺。

回憶以前成功的經歷，回想在經歷成功時的心情、感受，如果你能使往日心情重現，它便可在今日重生。如此你便會感到有自信，因為自信是奠定在對過去成功經歷的記憶上。在喚起這種「成功的心情」後，就把你的心思放在重要的考試、演講、生意，以及任何你想要成功的事情上，使用你的想像力，讓自己看到已經成功時的作為和心情。

在精神方面，你要開始把成功的想法灌輸到自己的心裡，但別勉強自己，也不要強制。不要用盡心思，一心一意地要產生你所要的想法。

不要一開始就逼迫你對自己想要的成功有絕對的信心，這對你的精神來說，是吃不消的。凡事必須要「慢慢來」，我們的內心是一個累積過去經歷以及心情的精神倉庫——它儲存著我們成功與失敗的經驗。這些經歷和心情都像已經錄好的錄音帶一樣，錄在我們腦子的神經電波，記錄著我們的往事，有悲觀的有積極的。每一件都同樣真實、清楚。至於要選出那一段來重放，這個決定就全操在你手上了。

有關這種電波的另一個有趣的發現，便是這些電波可以改變和修正，就像錄音帶可以添加額外的資料，或是重錄一段而把舊的一段消去一樣。

人們腦中的電波有個傾向，那就是每重放一次，它們就會稍微起變化，它們會沾染一些我們目前對它的心情、態度和想法。這種現象不僅有趣，而且還令人鼓舞。它使我們相信童年不幸往事的「創傷」，並不是永遠不可磨滅的。現在我們已經知道，不僅過去能影響現在，現在也能影響過去。

（二）慢，就是快

獲得成功更像是馬拉松而非跑百米，重要的不是看你出發時跑得有多快，而是你能跑多久。巴甫洛夫臨終時，有人要他指導學生如何成功。他說「熱誠，以及慢慢來。」

人們做任何事情都不要急於求成，慢慢來是最好的方法。就拿減肥做例子，一個著名的健身教練說他最怕的就是一開始就拼命減肥希望快速瘦下來的人，他們最後往往都得不到好的效果。我們身邊不乏這樣的例子，肥胖者總是想在最短的時間瘦下來，每一次開始減肥的時候都是充滿了決心，甚至有點悲壯的意味，做魔鬼般折磨人的各種運動，只吃少得可憐的食物。這樣做實在是太痛苦了！根本就無法堅持下去。於是這次的減肥便以暴飲暴食，甚至比以往更胖而告終。經過反覆經歷這一過程，減肥者的內心充滿了內疚感和挫敗感，這種感覺要比身上的脂肪更難以去除，對日後的成功減肥危害也就更大。

舉重者練習舉重之初，通常是先從他們舉得動的重量開始，經過一段時間後，才慢慢增加重量。我們可以把這一個原則應用到每一個地方，這個原則就是從一個易於成功的「目標」開始，再逐漸推展到較為困難的部分。同樣的，在培養自己成功的習慣時一定要隨時提醒自己要慢慢來。

（三）每天都要體驗小小的成功

一位成功者他希望自己養成每天都要體驗小小成功的習慣，他對自己的要求是這樣的：

閱讀：每天讀一頁書；

身體：穿上休閒鞋，走出家門，走到街上；

精神：為自己的所得感謝上帝；

情感：笑一次；

朋友：給自己所關心的朋友寫封信或打個電話；

家庭：用十分鐘的時間認真傾聽一位家庭成員說話；

事業：學習一個對我的事業有益處的新觀念；

理財：堅持認真記錄財務收支；

自己：每天都要表揚自己一句話。

請注意他把對自己每日的要求設定得這麼低，不可能完成不了，這足以使他克服惰性。與此相反地，有的人訂立的目標太高，難度太大，彷彿他們訂立目標的目的就是為了檢驗自己有多差勁，好讓自己難過一樣。

他這樣寫道：每天閱讀一本書中的一頁。我把每日的目標訂這麼低是為了讓自己隨時能得到新資訊，所以我選擇了幾本書去閱讀。我甚至還選擇了幾本平裝書，以便可以撕下幾頁隨身攜帶，以確保完成閱讀目標。過了一段時間，我慢慢的在閱讀方面提高了目標，從每天閱讀一本書中的一頁開始，發展到可以每天閱讀數頁，最後達到原來閱讀量的十倍。

在身體方面，為了增進健康，我每天慢跑十分鐘。

在精神方面，他寫下了簡單的目標：每天為所得到的保佑感謝上帝。我想讓自己每天都稍微停頓下來一會兒，回顧我得到的保佑並表達我的感謝。在每天結束的時候我都會說：「感謝你，上帝，為了這美好的一天。」然後我回顧這一天當中發生的事情，找出美好的事。我總是努力這樣做，不論是多麼小的事情，我都不放過。

在情感方面，他寫道：「我每天都笑一次。」一天一次，我會找到某種理由，某種刺激的事情，某種方法激發我發笑的欲望。我因此而改變了嚴肅、緊張的狀態，日常生活變得有趣一些。

在朋友方面，他寫道：「我今天打電話或寫一封信給一個自己所關心的人。」在一些情況下，就寫張便條，另一些情況下，則是寫一封信或是一張賀卡。但是這已經比我平時所做的多很多了。這麼做的結果是使我關注我的朋友，這方面的生活因而豐富了許多。現在，有了電子郵件，我更可以經常跟他們保持聯絡。

在家庭方面，他寫道：「我今天要留十分鐘的時間給每位家庭成員，跟他們進行一對一的談話，傾聽他們的訴說。」換句話說，我要給他們專有的時間，專注的聽他們說，而不是我說。很多父母每天跟孩子們談話的時間少得可憐，很少跟孩子進行有意義的交談。我為了實現這一個目標，每天跟自己的兩個孩子談話，我提高了家庭成員之間溝通的品質。當然，我常常跟他們有更長時間的交流，但是這十分鐘的最低交流時間限制，使我對他們給予特別的關注。

在事業方面，他寫道：「今天我將學習一個有益於我的事業的新觀念。」我每天尋找某種方法來學習點什麼——任何事情——不論簡單或深奧。這一個舉動如滾雪球般，有相當大的效應。每週我至少學到了五件新事物，通常在我吃完早飯準備迎接新的一天時就開始了。

在財經方面，他寫道：「我要把今天的收支做清晰的記錄。」知道了錢的收支，使我更加做到自我約束。因為我經常聽到人們說「勤儉才能致富。」這一個習慣使我隨時思考自己的財經狀況，而且我把理財做得比以前更好了。

儘管這些每天最低限度的行為不是構成實現一項偉大目標的全部計畫，但是它們的確在每天提供了所必要的推動——使我們開始向更遠大目標而努力，這會使我們受益無窮。

第四節

集中精力做好一件事

有人問發明大王愛迪生成功的第一個要素是什麼？愛迪生說：「對大多數人而言，他們一直在做很多事，而我只做一件。每個人一天都是二十四小時，去掉三分之一睡覺時間，剩下的時間都是在做事。假如你們將這些時間運用在一個方向和一個目的上，你們就會成功。」

陽光透過放大鏡照在紙上，如果放大鏡老是游移不定，則永遠無法點燃紙張；放大鏡不動，並把焦點對準紙張，紙一會兒就會燃燒起來。這一個原理同樣適用在做事上，如果你在一個行業裡做上十年、二十年，那麼你一定能夠在這一行成為佼佼者。

我們應該把所有的注意力都集中到手頭正在做的一件事情上，這就像在戰場上，我們用高於對手的數倍兵力將敵人殲滅，然後步步為營，去爭取全面的勝利一樣。反之如果把戰線拉得過長，當然會因寡不敵眾而潰不成軍。「同時解決所有困難」的做法，使我們面對的困難超過我們的能力，這將只會帶來徒勞與挫折。

不能把精力集中在一件事情上是不可能獲得成功的，美國一位成功學家陳述的一個故事正好說明了這個問題：

在好多年前，當時有人正要將一塊木板釘在樹上當層板，賈金斯便走過去管閒事，說要幫他一把。

他說：「你應該先把木板頭鋸掉再釘上去。」於是，他找來鋸子之後，還沒有鋸三下就撒手了，說要把鋸子磨利些。

於是他又去找銼刀。接著又發現必須先在銼刀上安裝一個順手的手把。於是，他又去灌木叢中尋找小樹，可是砍樹又得先磨利斧頭。

要把斧頭磨得很利需將磨石固定好，這又免不了要製作支撐磨石的木條。製作木條少不了木匠用的長凳，可是要做長凳沒有一套齊全的工具是不行的。於是，賈金斯到村裡去找他所需要的工具，然而這一走，就再也沒回來了。

賈金斯無論學什麼都是半途而廢。他曾經廢寢忘食地攻讀法語，但要真正掌握法語，必須先對古法語有透徹的瞭解，而不懂拉丁語，要想學好古法語是絕不可能的事。

社會上想改變自己處境的人很多，但是很少有人將這種改變處境的欲望具體化為一個個清晰明確的目標，並為之奮鬥。結果，這些人的欲望也僅僅是欲望而已。賈金斯進而發現，學好拉丁語的唯一途徑是學習梵文，因此便一頭栽進梵文的領域之中，可是這就更加曠日廢時了。

賈金斯從未獲得過什麼學位，他所受過的教育也始終沒有用武之地。但是他的祖先為他留下了一些本錢。他拿出十萬美元投資開一家煤氣廠，可是煤氣所需的煤炭價錢昂貴，這使他大為虧本。於是，他以九萬美元的售價把煤氣廠轉讓出去，改行挖煤礦。可是又不走運，因為採礦機械的耗資大得嚇人。因此，賈金斯把在礦場擁有的股份變賣成八萬美元，轉入了煤礦機器製造業。從那以後，他便像一個內行的滑冰者，在有關的各種工業領域中滑進滑出，沒完沒了。

他談過幾次戀愛，雖然每一次都毫無結果。他對一位小姐一見鍾情，十分坦率地向她表露了心意。為了使自己配得上她，他開始在精神和品德方面陶冶自己。他去一所假日學校上了一個半月的課，但不久便自動逃掉了。兩年後，當他認為問心無愧，敢於開口求婚時，那位小姐已嫁給了一個愚蠢的傢伙。

不久他又如癡如醉地愛上了一位有五個妹妹的迷人小姐。可是，當他去對方家時，卻喜歡上了二妹。不久又迷上了更小的妹妹。到最後一個也沒談成功。

來回搖擺的人永遠都不可能成功，賈金斯的情形每況愈下，越來越窮。他賣掉了用來謀生的最後一份股份後，便用這筆錢買了一份逐年提取的終生年金，可是這樣一來，提取的金額將會逐年減少，因此他要是活的時間長了，早晚得挨餓。

許多人最後沒有成功，不是因為他們能力不夠、誠心不足或者對成功不夠熱切，而是缺乏足夠的耐心。這種人做事時往往虎頭蛇尾有始無終，做起事來也是東拼西湊草草了事。他們總是對自己目前的行為產生懷疑，永遠都在猶豫不決之中。有時候，他們看準了一項事業，但剛做到一半又覺得還是另一個職業更為妥當。他們時而信心百倍，時而又低落沮喪。這種人也許可在短時間取得一些成就，但是，從長遠的人生來看，最終還是一個失敗者。世界上沒有一個遇事遲疑不決、優柔寡斷的人能夠真正成功的。

第五節

耐心等待成功

佛蘭克林說：「有耐心的人，無往而不利。」這裡所謂的耐心是動態而非靜態的，是主動而不是被動的，是一種主導命運的積極力量。這種力量在我們的內心源源不絕，但必須嚴密地控制和引導，以一種幾乎是不可思議的執著，投入到既定的目標中，才具有人生價值。

當我們播下了希望的種子，做完了所有諸如施肥、澆水、拔草等工作之後，我們卻久久都看不到果實，這個時候我們需要做什麼呢？是把幼苗拔起來重種，還是乾脆放棄這片土地？當然不是，我們需要的是耐心等待果實的成熟。

我們在很小的時候都聽過挖井的故事，大意是一個人在一個地方挖井，挖了一陣子沒挖出水來，就不再往下挖了。他換了一個地方重新開始，可是挖了半天還是沒水，於是他又放棄了那裡，再一次選新的地方挖井。這種情形一再反覆，最後他得到結論，這裡的地下沒有水。事實上只要他在一個地方一直挖下去就會鑿到一口井。

聽這個故事會覺得故事中的人是個傻瓜，聰明的人決不會做這樣的傻事。然而生活中卻未必如此，比如在我們辦公室就有一位男老師，他的經歷可謂豐富，做過行政主管、經商，現在又回到學校當老師。他沒課的時候便在辦公室裡高談闊論，你無法不承認他這個人實在是太聰明了，大到國際時事，小到攝影、下棋等等他全都說得頭頭是道，那時我正在準備研究所考試，他就說了自己考研究所的幾次經歷。並斷言我沒有「關係」是不會考上的，不如去做更划算的事情。我回答說如果我一年考不上就會再考第二年，一直到考上為止。他不再說話，但是從他的眼神中可以看出他在說：「你是個傻瓜！」

從這件事情我領悟到，有時候笨人能做到的事聰明人未必能夠做到，他們實在是太聰明了，不會在看不到希望的時候繼續付出，他們擅長的事情又太多，很容易轉向去做更有利、見效的事情。

一位經常跳槽，最後一無所成的博士生這樣感歎，如果能以對待孩子的耐心來對待工作，以對待婚姻的慎重來選擇去留，也許事業會是另外一番景象。世界上沒有全能奇才，你充其量只能在一兩個方面獲得成功。在這個物競天擇的年代，你只能聚集全身的能量，朝著最適合你的方向，專注地投入。

在商界廣為流傳著這樣一個故事：

一個著名的推銷大師，即將告別他的推銷生涯，應同業協會和社會各界的邀請，他將在該城中最大的體育館做告別職業生涯的演說。

那天，會場座無虛席，人們在熱切地等待那位當代最偉大的推銷員做精彩的演講。當布幕徐徐拉開時，觀眾看到臺上的正中央搭起了高大的鐵架，上面吊著一個巨大的鐵球。這是做什麼用的？真令人匪夷所思。

一位瘦弱但精神矍鑠的老者在人們熱烈的掌聲中走了出來，站在鐵架的旁邊。他穿著一件紅色的運動服，腳下是一雙白色膠鞋。

人們驚奇地望著他，不知道他要做出什麼舉動，這時兩位工作人員，抬著一個大鐵錘，放在老者的面前，主持人邀請兩位身體強壯的觀眾到臺上來，好多年輕人都爭著參加，轉眼間已有兩名動作快的跑到臺上。

老人這時開口講授規則，請他們用這個大鐵錘去敲打那個吊著的鐵球，直到它蕩起來。

一個身強力壯的年輕人拿起鐵錘，拉開架勢，掄起大錘，全力向那吊著的大鐵球砸去，一聲震耳欲聾的響聲過後那吊球卻紋絲不動。他就用大鐵錘接二連三地砸向大吊球，但仍然是白費力氣，沒多久他就筋疲力盡了只得罷手。

另一個人也不甘示弱，接過大鐵錘把吊球打得叮噹亂響，可是鐵球卻依舊紋絲不動。

台下逐漸沒了喊聲，觀眾已經認定那是沒用的，就等著老人做解釋。

會場恢復了肅靜，老人沒有做任何解釋，他從上衣口袋裡掏出一個小錘，然後認真地，面對那個巨大的鐵球。他用小錘對著鐵球「咚」敲了一下，然後停頓一下，再一次用小錘「咚」敲了一下。然後停頓一下，再一次用小錘「咚」敲了一下。人們奇怪地看著，老人就那樣「咚」敲一下，然後停頓一下，就這樣持續地做。

十分鐘過去了，二十分鐘過去了，會場早已開始騷動，人們議論紛紛，有的人乾脆叫起來，人們用各種聲音和動作發洩著他們的不滿，老人彷彿沒有聽見觀眾在喊叫什麼，仍然用小鐘敲一下，然後停頓一下，反覆這樣做著，極為認真。人們開始忿然離去，會場上出現了大塊大塊的空缺，留下來的人們好像也喊累了，會場漸漸地安靜下來。

大概在老人進行了四十分鐘的時候，坐在前面的一個婦女突然尖叫一聲：「球動了！」霎時間會場鴉雀無聲，人們聚精會神地看著那個鐵球。那個球真的微微動了起來，不仔細看很難查覺。

老人仍舊一小錘一小錘地敲著，人們好像都聽到了那小錘敲打吊球的聲響。吊球越蕩越高，它拉動著那個鐵架子「咚」作響，它的巨大威力強烈地震撼著在場的每一個人。最後場上爆發出一陣陣熱烈的掌聲，在掌聲中，老人轉過身來，慢慢地把那把小錘放入口袋。

老人開口講話了，他只說了一句話：「在成功的道路上，你沒有耐心去等待成功的到來，那麼，你只好用一生的耐心去面對失敗。」

第六節

成功之道——永不放棄

邱吉爾一生最精彩的演講，也是他最後的一次演講是在劍橋大學的一次畢業典禮上，整個會堂有上萬個學生，他們正在等候邱吉爾的出現。正在這時，邱吉爾在他的隨從陪同下走進了會場並慢慢的走向講臺，他脫下他的大衣交給隨從，然後又摘下了帽子，默默的注視所有的聽眾，過了一分鐘後，邱吉爾說了一句話：「Never give up！」（永不放棄）邱吉爾說完後穿上了大衣，帶上了帽子離開會場。這時整個會場鴉雀無聲，一分鐘後，掌聲雷動。

成功者不是一開始創業就獲得成功，他可能要面對許多次的失敗，在失敗面前，要經得起考驗。請記住，成功只不過是爬起來比倒下去多一次而已。

成功學大師陳安之在說明不要放棄的道理時相當生動有趣：你們知道好萊塢明星席維斯．史特龍曾經被拒絕過一千八百五十五次嗎？我見過史特龍本人，是幾個月前在一個山莊見到的，你看到他好像刀槍不入的樣子，他並不是真的刀槍不入，可是他站起來的氣勢讓你感覺他刀槍不入。史特龍曾經被拒絕過一千八百五十五次，被五百家電影公司拒絕，而且一家跑三次，有的再跑第四次。你想當演員，你先練好講話再來，你長得太醜了，你先去整形再來，更多的則是乾脆說你根本就不適合當演員，這樣子史特龍一共被拒絕了一千八百五十五次。

所以，以前我都把一八五五貼在我的房間和辦公室。我告訴自己在沒有被拒絕一千八百五十五次之前，請不要放棄。我公司以前有個女的，是個首席講師，她來公司以前是非常優秀的訓練部經理，可是來我公司的第一個月業績竟然是公司的最後一名。她說，老闆，對不起，這個行業我做不來。我就跟她說一八五五的哲學，做一個月妳就放棄，既然要開始何必要放棄，既然要放棄當初就不必開始。當妳超過一千八百五十五次還沒有成功，那就請妳選一萬次，因為這是愛迪生發明電燈的次數，愛因斯坦被美國時代雜誌評為上個世紀最偉大的人，上上個世紀則是愛迪生，這兩位都是偉大的天才，所以任何事情當妳很有興趣且全力以赴做一萬次不成功時，我才會說妳現在可以放棄了，在這之前，妳不要放棄。兩年以後，這個女人開了二十萬美金的車。

以前每當我熬不下去想放棄的時候，我就開始想那些情況比我更嚴重的人，我曾經遇到一個人，他創業十三年，每年都虧損，結果第十四年，他竟然賺了五千萬美金，將他十三年的全部補回來了，假如這個人做到第十三年放棄了怎麼辦，我時常在想這個問題。所以記住，既然要開始，就不要放棄，既然要放棄，當初何必要開始。開始了就不要退卻，除非你發現，他完全違反了你的方向，這個時候你才可以轉換，轉換不是放棄，假如這是你的目標，請你不要放棄。

有個年輕人去微軟公司應徵，而該公司並沒有刊登過招募廣告。見總經理疑惑不解，年輕人用不太嫺熟的英語解釋說自己是碰巧路過這裡，就貿然進來了。總經理感覺很新鮮，破例讓他一試。面試的結果出人意料，年輕人表現得很糟糕。他對總經理的解釋是事先沒有準備，總經理以為他不過是找個藉口下臺階，就隨口應道：「等你準備好了再來試吧！」。

一周後，年輕人再次走進微軟公司的大門，這次他依然沒有成功。但比起第一次，他的表現要好得多。而總經理給他的回答仍然和上次一樣：「等你準備好了再來試。」就這樣，這個年輕人先後五次踏進微軟公司的大門，最後被公司錄用，成為公司的重點栽培人才。

也許我們的人生旅途上沼澤遍布，荊棘叢生；也許我們追求的風景總是山重水複，不見柳暗花明；也許我們前進的步履總是沉重、蹣跚；也許我們需要在黑暗中摸索很長時間才能找到光明；也許我們虔誠的信念會被世俗的塵霧纏繞而不能自由翱翔；也許我們高貴的靈魂暫時在現實中找不到寄放的淨土……那麼，我們為什麼不能以勇敢者的氣魄，堅定而自信地對自己說一聲「再試一次！」，再試一次，你就有可能達到成功的彼岸。

一位蘇格蘭王子在看蜘蛛結網時突然明白了人生的真諦。可憐的蜘蛛結一次不成，就掉下來一次。屢敗屢戰，屢下屢上，直到掉下來七次，終於結成了網。人生何嘗不是如此？危機與生機，失望與希望，消極與積極，向來都是交織在一起，一定會有後退，會有逆境，但勇士恰是在後退的逆境中依然奮勇前進的人。

決定一個人成功與否的最關鍵因素是他如何對待失敗。任何希望成功的人必須找到戰勝失敗、繼續前進的法寶。不然，失敗必然導致失望，而失望就導致一蹶不振。人生必須渡過逆流才能走向更高的層次，最重要的是要永遠看得起自己。每一次失敗都是讓自己更接近成功。

一九五四年，巴西人都認為巴西隊一定能獲得本次世界盃足球賽的冠軍，然而天有不測風雲，在半決賽中巴西卻意外地敗給了對手，結果那個金燦燦的獎盃沒有被帶回巴西。球員們悲痛至極，他們做好被球迷辱罵、嘲笑和丟汽水瓶的心理準備。要知道足球可是巴西的國魂。

飛機進入巴西領空，他們坐立不安，因為他們的心裡清楚，這次回國凶多吉少。可是，當飛機降落在首都機場的時候，映入他們眼簾的卻是另一種景象：總統和兩萬多球迷默默地站機場上，他們看到總統和球迷共舉大布條，上面寫著：失敗了也要抬頭挺胸。

隊員們見此情景，頓時淚流滿面。

四年後，巴西隊捧回了世界盃。

只要你能夠站起來，你的倒下就不算是最終失敗。但對於實踐者來說，一定要從失敗中汲取教訓。中國的福壽康實業有限公司總經理劉昌勳就認為要從失敗中學到有益的東西。

世界上沒有絕望的處境，只有對處境絕望的人。劉昌勳的創業史有點九死一生的悲壯。他兄弟倆在同一所中學讀書。父母常常因為湊不起學費唉聲歎氣。為了減輕家裡負擔，讓弟弟一個人上學，於是他在中學還沒讀完的時候便輟學經商，那年他十六歲。

他做什麼好呢？他家鄰居經營藥材，每個月賺幾百元人民幣的利潤。當時在他們那裡是一個叫人眼紅的數目。他抱著試一試的心理，買進了二十元人民幣的板藍根，揹到市集上去賣，當天全部脫手，賺了二十元。

二十元，在當時對他來說是一筆大數目。第二天，他將四十元全投進去，沒想到兩天之內順利賣出去，又賺了三十多元。兩個月下來，連本帶利達到了五百元人民幣。

然而做任何事業都不可能一直是一帆風順的。劉昌勳認為，做人有九死一生，做事往往會遭遇九次失敗才有一次成功。他叔叔在前線陣亡，家裡得到了三千元的撫恤金。他父親一直把它存在銀行裡。無論家庭如何困難，父母也沒有動用它。

兩個月的節節勝利，使他由膽怯到膽大。經他反覆勸說，父親終於把錢從銀行裡領出來交給了他。連本帶息，加上他的五百元，湊成了四千元。他一口氣買入一批藥材投入市場。可是在一位顧客仔細辨認後，對他說：「你小小年紀卻這麼狡詐，學會了瞞天過海」。他委屈地申辯，眼淚直掉。這個顧客見他不是老奸巨滑，才告訴他這批藥材是榨過汁的，現在只是一堆乾柴，沒多少藥性了。

他愣住了，他的本金大部分是叔叔的鮮血換來的，一堆乾柴便把它全部騙走了。他的第一個反應是找供應商算帳，可是連續一、二個月也沒找到這個騙子。他的第二個反應是，他也用朦騙的方式將這堆乾柴脫手，騙一元是一元。有一位老人與他談妥了價錢，但是在老人數錢的時候，他見老人松樹皮一樣的手，溝壑一樣的滿臉皺紋，這一大把年紀，這筆損失不等於要老人的命嗎？他覺得自己還年輕，還有機會重來。於是他點了打火機，把這些乾柴全部燒了。

這次的失敗並沒有使劉昌勳萎靡不振，他記取教訓，繼續奮鬥，終於登上了富豪排行榜。劉昌勳的事蹟說明：奮鬥者，破產只是一時；而不去奮鬥，則必將一生貧窮。只要你沒有失掉勇氣，敢於打拼，就一定會成功。

在面對困境時，把你和成功的人放在一起比較一下，當你發現他失敗的次數比你多，你就會得到莫大的鼓勵。成功者與失敗者並沒有多大的區別，只不過是失敗者走了九十九步，而成功者走了一百步。失敗者跌下去的次數比成功者多一次，成功者站起來的次數比失敗者多一次。當你走了一千步時，也有可能遇到失敗，但成功卻往往躲在拐角的後面，除非你拐了彎，否則你永遠不可能成功。

第七節

逆境是恩賜

一個商人在翻越一座山時，遇到一個攔路搶劫的土匪。商人立即逃跑，但土匪窮追不捨，走投無路時，商人鑽進了一個山洞裡，土匪也追進山洞裡。在洞的深處，商人未能逃過土匪的追逐。黑暗中，他被土匪逮住了，遭到一頓毒打，身上所有財物，包括一把準備夜間照明用的火把，都被土匪搶去了，幸好土匪並沒有要他的命。

之後，兩個人各自尋找洞的出口。這山洞極深極黑，並且洞中有洞，縱橫交錯。土匪將搶來的火把點燃，他能看清腳下的石塊，能看清周圍的石壁因而不會碰壁，不會摔跤。但是他走來走去就是走不出這個山洞。最後他力竭而死。商人失去了火把，在黑暗中艱難地摸索前進，他不斷的摔跤，不斷的碰壁，跌得鼻青臉腫。但是，正因為他處在極度黑暗中，眼睛慢慢適應了黑暗，能夠敏銳地感覺到洞裡透過來的任何一絲微光，他順著那點亮光摸索爬行，終於逃出了山洞。

世間的事情就是這樣，許多身處逆境的人屢遭挫折，磕磕絆絆，最後走向了成功。而一些身在順境中的人，卻往往被眼前的光明迷失了前進的方向。

我們每個人在爭取成功的過程中都難免會遇到困難和挫折。悲觀的人會認為這是阻礙自己的門檻，是失敗的原因。而積極的人會認為這是對自己的考驗，是使我們上升到人生更高層次的進身之階，儘管那也是門檻，不過卻是用來阻攔自己競爭對手的。

有一個農夫的驢子，不小心掉進一個深坑裡，農夫絞盡腦汁想辦法救驢子，但幾個小時過去了，驢子還在井裡痛苦地哀嚎著。

最後，這位農夫決定放棄，他想這頭驢子年紀大了，不值得大費周章去把牠救出來，於是農夫便請來左鄰右舍幫忙一起將坑裡的驢子埋了，以免除牠的痛苦。

農夫的鄰居們人手一把鏟子，開始將泥土鏟入坑中。當這頭驢子瞭解到自己的處境時，一開始牠真的被嚇壞了，但出人意料的是，一會兒之後這頭驢子就鎮靜下來。接著牠的行為令人稱奇，當鏟進的泥土落在驢子的背部時，不管泥土砸在身上多痛，牠總是將泥土抖落在一旁，然後站到鏟進的泥土堆上面。

就這樣，驢子將大家鏟到牠身上的泥土全數抖落在坑底，然後再站上去。很快地，這隻驢子便爬上來，然後在眾人驚訝的表情中快步地跑開了。

就如同驢子的情況，在生命的旅程中，有時候我們難免會陷入「深坑」裡，會被各式各樣的「泥沙」傾倒在我們身上，而想要從這些「深坑」脫困的秘訣就是：將「泥沙」抖掉，然後站到上面去！

這就是中國古代所說的「窮則變」的道理。古代的孟子說：「生於憂患，死於安樂」。「憂患」就是艱難困苦，不堪忍受；「安樂」就是安逸舒適，快樂愜意。「生於憂患」，就是困苦磨練了人的意志，催人奮發向上，使人生命力頑強，朝氣蓬勃。「死於安樂」，就是說安逸舒適的生活會消磨人的志向，使人貪圖享樂，懼怕艱苦，不思進取，從而使人失去了生存能力與旺盛的生命活力。

人生之路並不是坦途一條，獲得幸福之路也不是暢通無阻。人生有順逆境之分，幸福的取得也有難易之分。但是不管在什麼樣的條件下，人們都不應放棄對幸福的追求。在順境中，人們以舒暢的心情謀求幸福，在逆境中，人們依然應當堅韌不拔，終始不渝地追求幸福。幸福既可以在順境中順利地實現，也可以在逆境中艱難地獲得。

一般來說，人們都希望一生順利，平安地渡過一生，但現實往往並不盡如人意。人的一生中，既會有得心應手的順境，又會有困難重重的逆境，甚至會遭遇困境。我們在爭取處在順境的同時，也不應該害怕逆境帶來的磨難，而應該公證地看待順逆境。

同是生活在這個世界上，每個人的生活中難免都會有艱難，心裡難免都會有苦惱和困惑。甚至可以這樣說，艱難和困惑就是生命本身，這也是與生俱來的，甚至是終生不能消滅的，否則人生豈不是太簡單了？試想一下，要是有一天生活中的所有困難都被消滅光了，那人生也就沒什麼意思了，就像下棋，什麼阻礙都沒有那你還下什麼勁兒？

有人問諾貝爾獎得主丁肇中，順境和逆境哪一個對他的成就幫助更大，他回答說兩者各有益處，但對他來說逆境的幫助更大一些。

被譽為「天空立法者」的德國傑出天文學家克卜勒，就是把逆境當成動力，發憤努力，才獲得了傑出的成就。克卜勒是哥白尼日心學說的忠實信徒，他沉湎於天文學的研究之中，並且寫出一本名為《宇宙的奧秘》的書，但是在那個宗教迷信盛行，科學是奴婢的年代，他遭到了天主教的辱罵、威嚇和迫害，幾乎陷於孤立無援的境地。丹麥天文學家第谷．布拉赫去世對處於逆境的克卜勒來說，不論是在精神上或在生活上都是沉重的打擊。在貧困、饑餓、疾病纏繞折磨克卜勒的同時，宗教裁判所也攻擊這個哥白尼的信徒，把他的著作視為「異端邪說」，列為禁書，予以銷毀，甚至威脅要處死這個異教徒。

身陷逆境的克卜勒並沒有因貧困、疾病、教會的迫害以及其他的不幸而倒下，他把逆境當成一種動力，在科學事業的天地裡勇敢地打拼，終於發現了行星運動的三大定律，為後人做出不朽的貢獻。

相對而言，處於順境中是幸運的，陷於逆境中是不幸的，是一種厄運。但是許多奇蹟卻都是在厄運中被創造出來。用平凡的話來說，幸運所生的德性是節制，厄運所生的德性是堅忍。就理論而言，後者是一種更偉大的德性。幸福是《舊約》中的福祉；厄運是《新約》中的福祉；而厄運所帶來的福祉更大。幸運並非沒有恐懼，厄運也並非沒有安慰與希望。

順境固然令人羨慕，逆境卻更能磨礪人的意志，激發人們克服困難，頑強進取。溫室裡的花朵經不起風雨襲擊；飽受風浪考驗的海鷗卻能夠搏擊海空。處在順境中的人也許會虛度一生，處在逆境中的人卻能夠頑強地奮勇前進，取得輝煌的成就，獲得更大的幸福。

在逆境中其實也會有安慰與希望，人們只要抓住這種希望，並把它當作動力，就能夠在逆境中崛起。在逆境中善於自處，鍛鍊自己的意志，不放棄努力就能夠在逆境中奮起。越王勾踐在國破家亡之後，臥薪嘗膽，用艱苦的生活來磨練自己的意志，結果十年後一舉滅吳。當然，逆境確實容易使人消沉，喪失鬥志，自認倒楣，結果跌倒後再也無法站起來，這樣的例子比比皆是。因此對順境和逆境的辯證看法應當是，順境會使人們獲得幸福，但也容易使人在得到暫時的幸福後不再有所追求；逆境會影響人們正常地實現幸福，但是如果保持堅強的意志，奮力爭取，奮勇前進，也許就能夠使自己的能力完全得到發揮，獲得傑出的成就。

寶劍鋒從磨礪出，司馬遷在《史記》中曾經記載：「文王拘而演《周易》；仲尼厄而作《春秋》；屈原放逐，乃賦《離騷》；左丘失明，厥有《國語》；孫子臏腳，兵法修列；不韋遷蜀，世傳《呂覽》；韓非囚素，《說難》，《孤憤》；《詩》三百篇，大抵聖賢發憤之所為作也。」即使司馬遷本人，也是由於遭受「李陵之禍」，身陷困境，但是他並沒有消沉，才寫下了千古傑作《史記》。

貝弗里奇說：「人們最出色的工作往往是在處於逆境之下做成的。思維上的壓力，甚至肉體上的痛苦都可能成為精神上的興奮劑。」人們可以把逆境當成動力，激勵自己奮勇前進，去爭取幸福。

歷史上許多偉大人物都是在逆境中頑強工作並締造傑出的成就。偉大人物最大的優點就是，在不利與艱難的遭遇裡百折不撓。比如我國的古典文學名著《紅樓夢》就是曹雪芹在身處逆境的情況下寫成的。他在親自經歷了「赫赫揚揚」達百年之久的官僚貴族家庭急劇敗落的變化之後，看到了封建統治階級的盛衰輪替以及無可挽救的命運，深感自己生不逢時，懷才不遇，決心寫出一部前無古人的傳世小說。

身陷逆境的曹雪芹遇到的是今天我們難以想像的物質和精神上的雙重困難。要知道在封建社會裡，讀書人的唯一「正路」是讀經書、考科舉，寫小說被認為是不務正業的行為。再加上當時又是清朝文字獄盛行的時期，在寫作中稍有不慎就會觸怒統治階級，輕則充軍流放，重則滿門抄斬，甚至株連九族。上層統治者和文人學士，又習慣於從小說中捕風捉影，猜測其中「影射」什麼，揭發了哪家的隱私。而曹雪芹寫的恰恰是一部「怨世罵時」的書，遭到了族人的不滿和統治者的猜忌。除了兩三位好友支持他之外，世人都認為他是「傻子」、「瘋子」。統治者甚至用拆毀他的房屋，令他幾度搬遷來阻止他的寫作活動。面臨這樣的逆境，曹雪芹沒有消沉退卻，而是從中吸取動力，更加努力地寫作。

曹雪芹正是把逆境當成動力，才沒有被饑餓嚇倒，也沒有因缺錢買紙而停筆，更沒有因窮困潦倒、備受欺凌而草率寫作。他把全部心血都傾注在寫作上，逆境中「披閱十載，增刪五次」，終於寫出了令世人稱頌不已的《紅樓夢》。

曹雪芹生前儘管沒有得到更多的物質享受，但他卻從創作中得到了無限的滿足和幸福。他死後，人們更是給予他崇高的榮譽。

在困境或逆境中，矛盾更集中，成敗的抉擇更為迫在眉睫，生死的較量，善惡的較量，偉大與渺小的較量也更為迫切。逆境猶如悲劇的高潮，它最能考量一個人的意志和作風，也最能激發出一個人的潛能。我們應該把困境看成是一種恩賜，一種促使成功的機遇，這樣我們才能積極面對它、戰勝它，從而走出困境，走向成功。

第二章 在工作中脫穎而出

真正體現你的價值的，是你的工作能力，它不是別人給的，而是你自己一點一滴累積的。

一個人價值的高低也不是從所擁有的財富多寡來判斷，即使你現在一無所有，也不代表以後不能富甲天下。但是如果你認定自己一文不值，那麼你就只能窮困潦倒下去，假如你能重新認識自己，給自己一個更高的「價碼」，你便也「高貴」起來。當你的工作開始「升值」，你的人生價值自然也會水漲船高。

在紐約的街頭，一個商人看到一個衣衫襤褸的推銷員在寒風中推銷尺，商人頓生一股憐憫之情。他停下來將一美元丟進賣尺人的盒子裡，正準備走開時覺得這樣不對，於是又停下來，從推銷員的盒子裡取了一把尺，並對賣尺的推銷員說：「我們都是商人，只是我們經營的商品不同。」

過了幾個月，在一個社交場合上，曾經賣尺的推銷員又與商人相遇了。不過這次他穿戴整齊，他向商人熱情地自我介紹：「您好，您可能已經記不得我了，可是我卻永遠忘不了您，是您給了我自尊和自信，讓我看到了自己的價值。在那之前我一直認為自己跟乞丐沒什麼兩樣，直到那天您從我那裡買了一把尺，並且說我是一個商人，我的人生便由此轉變了。」

推銷員在沒有遇到商人之前一直都把自己當做一個乞丐，那是因為他內心的自我否定和自我貶低造成的。幸好有了商人的提醒，讓他及時從這種自卑的困境中掙脫了出來，否則他也許真的要淪為乞丐了。

其實每個人一開始都像一個乞丐，四處乞討，希望能夠獲得更多的財富、知識和愛。但是我們卻忽略了真正的財富之源在哪裡，那就是我們自身。我們自身所擁有的價值比任何我們所費盡心思去乞討的都要高得多，我們才是自己最大的寶藏。

而工作，就是我們實現自身價值最好的舞臺。

第一節

成功的環境比薪水更重要

中國人早就知道了「近朱者赤、近墨者黑」的道理，要快樂的話，你要和總是很快樂的人在一起，要健康就和生活方式健康的人在一起。一個人的命運在某種程度上是決定於他的環境。環境為什麼會對成功這麼重要？因為人的心理是這樣的，你不會渴望擁有你從來沒有親眼見過的東西。你不會去羨慕美國總統，但是如果是和你一起長大的好朋友經過不斷的努力獲得了成功，擁有了別墅、豪華汽車等，這些你想都不敢想的東西，這就會激發出你的進取心，從他那裡學習成功的方法，變得像他那樣成功。

劉邦在一次偶然的機會下見到了秦始皇出巡的儀仗隊，見到天子威儀如此壯觀的場面，他發出了真男兒當如是的慨歎！從此放棄了卑微的生活，走上了建功立業的道路。人的想像力是有限的，劉邦這個鄉下小流氓如果沒有見到皇帝決不會去做皇帝的美夢。

美國前總統柯林頓在十七歲的時候遇到甘迺迪總統，後來決心當總統，可是柯林頓在還沒有見到甘迺迪總統之前，克林頓是讀音樂系，吹薩克斯風的，遇到不同的人，會改變一個人的人生道路，我常在幻想如果柯林頓遇到的是貓王會怎麼樣？

美國副總統高爾的父親是三十年的美國參議員，甘迺迪總統曾在高爾小時候打電話找他爸爸，高爾接起電話問對方是誰，他說我是甘迺迪總統，高爾小時候就在電話中跟甘迺迪總統對話，激起了他想要成為美國總統的上進心，而且他爸爸是三十年的參議員，這為他從政提供了非常有利的環境。

麥可．喬登在高中的時候就酷愛籃球，但是以那時的條件他連校隊都沒有被錄取，他跑去問為什麼沒被錄取？

教練說：第一是因為你的身高，你以後不可能進大學打籃球，你的技術也太嫩了。他對教練說，你讓我在這個球隊練球。我不出賽，只求讓我跟球隊練球，有個和他們切蹉球技的機會，我願意幫所有的球員拎球鞋，幫他們擦汗。教練想這個人態度這麼好就同意了。你可以想一下，全世界最偉大的籃球明星是從跑龍套開始的。有一次，早上八點的時候，清潔工去球場整理場地，他看到一個黑人球員躺在地上，他甦醒過來說：「哦，我叫麥可．喬登，我昨天晚上在這裡練球太累了，就睡在球場裡面。」所以麥可．喬登不止是跟球隊一起練球，球隊練完球以後他還一個人練球，他累得睡在球場裡面。結果，這個麥可．喬登的身高長到了一九八公分，麥可．喬登他們全家沒有一個人超過一八〇公分，他父親覺得奇怪，為什麼全家只有他長得這麼高，他父親說麥可．喬登想要成功的企圖心讓他長到一九八公分，長高靠的是上進心——這是真實的故事。

麥可．喬登到大學的時候，讀美國最有名的大學，這個學校的教練是全美大學中最嚴格的一位，有一次比賽以後，教練請他到休息室，放錄影帶給他看，他看自己有這樣一個習慣：進攻的時候說把球給我，從而得分，防守的時候對隊員說你去防守。知道了這一個缺點以後他很慚愧，之後他開始練習防守。他不斷成功是因為他加入了一個成功的環境，假如他沒有這個教練指導，他不會這麼成功的。所有的人都是被啟發的，成功是後天學來的。

既然成功的環境如此重要，那麼你可以為自己做的事情，就是加入一個成功的環境。你沒有辦法在一個不成功的環境成為成功的人，假如可以的話，你可能都七、八十歲了，所以你一定要加入一個成功的環境，這是沒有例外的。假如你時常跟世界頂尖人物接觸，你立刻就能比較出來，我們到底差在什麼地方，你沒有見過的話，便很難知道。要先有見識，才會有知識，才會有膽識。因為沒有膽就不敢去做，而沒有膽量是因為缺乏知識，不知道做了會有什麼樣的後果，那為什麼缺乏知識，是因為他連見都沒有見識過。

模仿是成功的捷徑，模仿一個你想成為的人，以獲得成功的人做榜樣，可以避免你走冤枉路，以及節省時間和精力。當你見過一百多位世界第一名的時候，你跟他們學習他們的知識，你就會知道應該如何做，同時也會開始變得有膽量；原來他們也是這樣起家的，原來比我的狀況還要糟糕。

激勵大師父安東羅賓在二十三歲的時候，他住在一個很小的地方，他沒有床，房間裡只能擺一張書桌，他覺得書桌比床重要，安東羅賓睡的是一張吊床，請他女朋友到他家的時候，他說：「對不起，我這個房子太小了，連床都沒有，但是假如妳願意嫁給我的話，我保證我們以後住城堡，開直升機，變億萬富翁……」講一大堆好聽的話，那個女孩就跟安東羅賓躺在那個吊床上，結果一不小心吊床繩子斷了，你可不可以想像得出當時的場面，摔到地上的時候他們在播音樂，放的那首歌叫「砰波……」這個女孩眼光不錯，她不是跟一個只會談夢想的人談戀愛，後來果然住城堡，開直升機，成為億萬富婆。

所以你不要被目前的狀況所困擾，重要的是現在，因為今天的行動決定明日的結果，要有更好的結果，今日要有更好的行動，怎麼樣才會有更好的行動，就是跟成功者的人在一起，成功者激發你的上進心。

所以要成功，最重要的還不是努力，而是先跟成功者在一起，然後你就能學會如何成功。年輕人在找工作的時候最重要的不是找獲得高薪的機會，而是學習的機會。也許是進一家小公司，但可以從老闆身上學習如何開始創業，這要比進大公司做機械化的小職員有意義得多，越是年輕的時候學會如何成功，養成成功的習慣，你成功的機會也就越大。

假如你感覺到自己的上進心不夠旺盛，你覺得有無力感，做什麼事都提不起勁，那麼就是你的環境有問題了。那是周圍的人不再能夠激勵你，你應該考慮改變一下環境了。如果你周圍的人當中你是最成功的，那麼你不可能變得更成功。看你所交往的圈子裡其他人的情況，就可以知道你的成功情況。假如你認為你是很成功的人，那你周圍的人必定都是成功的人，成功會吸引成功。

第二節

態度決定一切

想要在工作中脫穎而出，首先要做的就是端正你的工作態度，要以敬業、勤奮積極、熱忱、追求完美的態度投入到工作中。還是那句話「態度決定一切」，人生的方向是由態度來決定的，積極的態度是成功的催化劑。你在工作中所抱持的態度，將使你與周圍的人區別開來。你投入工作時的態度決定了工作的質與量，最後決定你整個生命的質量。

當你服務於一種職業時，你應該想到，那是你自己的職業，你是為自己而工作。另外，在工作時，你應當立志使出渾身的力氣與機智，想出最好的辦事方法；你應當立志以進步與創新的方法來達成此事；你應當立志以一種無限的熱誠和精神去從事該項工作。

在美國廣為流傳著一個耐人尋味的故事：許多年前，一個年輕人來到一家著名的飯店當服務員。這是他涉世之初的第一份工作，他將在這裡正式步入社會，邁出他人生關鍵的第一步。因此他躊躇滿志，暗地裡下決心：一定要好好做！不辜負上司的信任！

誰知在新人受訓期間，上司竟然安排他洗馬桶，而且對工作的要求高得驚人：必須把馬桶抹得光潔如新！他當然明白「光潔如新」的含義是什麼，他更知道自己不喜歡洗馬桶這一項工作，更不可能實現「光潔如新」這一個高標準的要求。

這與想像中的工作相差太遠了！這對未來充滿了幻想的年輕人來說無異是當頭棒喝。說實話，洗馬桶在視覺上、嗅覺上與心理上都使他難以承受，內心的屈辱感更是使他忍受不了。當他拿著抹布伸向馬桶時，噁心得想嘔吐卻又吐不出來，令他每天戰戰兢兢如臨深淵痛苦不堪。

為此，他心灰意冷一蹶不振，他面臨著人生第一步應該怎麼樣走下去的選擇：是繼續做下去，還是另謀他職？繼續做下去——難於上青天！另謀他職——知難而退？人生之路豈能打退堂鼓？他不甘心就這樣敗下陣來。

正在此關鍵時刻，同部門的一位前輩及時地出現在他的面前，幫他擺脫了困惑、苦惱，幫他邁向這人生第一步，更重要的是幫他認清了人生的路應該如何走。

她並沒有用空洞理論去說教，而是言傳身教，身體力行，親自洗一遍馬桶給他看。首先，她一遍遍地抹洗著馬桶，直到洗得光潔如新；然後，她從馬桶裡盛了一杯水，一飲而盡！絲毫沒有勉強。實際行動勝過千言萬語，她以身作則告訴了他一個極為簡單的真理：光潔如新，要點在於「新」，新則不髒，因為不會有人認為新馬桶髒，所以新馬桶中的水不髒，是可以喝的；反過來說，只有馬桶中的水達到可以喝的潔淨程度，才算是把馬桶洗得「光潔如新」了，而這一點完全可以辦得到。

同時，她送給他一個含蓄、富有深意的微笑，送給他充滿關注、鼓勵的目光。這已經夠用了，因為他早已激動得不能自持，從身體到靈魂都在震顫。他目瞪口呆，熱淚盈眶，恍然大悟，如夢初醒！這件事給他很大的啟示，他警覺到自己的工作態度出了問題，於是他痛下決心：「就算一輩子洗馬桶，也要做一個最會洗馬桶的人！」

從此，他脫胎換骨成為一個全新的人，他的工作也做到了無可挑剔的高水準：為了檢驗自己的自信心，為了證實自己的工作水準，也為了強化自己的敬業心，他也多次喝過馬桶裡的水。從此以後，他漂亮地邁向了人生的第一步，踏上了成功之旅，開始了他不斷走向成功的人生。

幾十年光陰一晃而過，後來，他成為世界旅館業大王，他的事業遍布全球，他的一切成就都得益於他永不停頓、永不滿足的創造與卓越的行動。他就是康拉德．希爾頓，他建立了享譽全球的希爾頓飯店帝國。

「就算一輩子洗馬桶，也要做一個最會洗馬桶的人。」這就是他成功的奧祕所在，這一點使他幾十年來一直在成功的路上奮鬥，擁有成功的人生，並使他成為幸運的成功者和成功的幸運者。

現在哈佛大學新生入學都要參加「義務勞動」，有的學生就被安排去刷馬桶，哈佛大學當然不是在節省清潔工的錢，而是給學生上入學第一課：無論是念書、工作還是生活，最重要的就是態度，無論是在做什麼都要做到最好。

一個人的工作態度反映出他的人生態度，而人生態度決定一個人一生的成就。你的工作就是你的生命投影，它的美與醜，可愛與可憎，全操縱在你的手中。一個天性樂觀，對工作充滿熱忱的人，無論在洗馬桶、挖土方，或者是在經營一家大公司，都會認為自己的工作是一項神聖的天職，並懷著深切的興趣。對工作充滿熱忱的人，不論遇到多少艱難險阻，都會像希爾頓一樣：哪怕是洗一輩子馬桶，也要做個最會洗馬桶的人！

（一）敬業的態度

敬業就是敬重自己的工作，將工作當成自己的事業，當成「天職」，其具體表現為忠於職守、盡職盡責、認真負責、一絲不苟、善始善終等職業道德，其中融合了一種具有道德意義的使命感和責任感。這種使命感和責任感在當今社會得以發揚光大，使敬業精神成為一種最基本的做人之道，它也是成就個人事業的重要條件。

如何理解敬業，巴頓將軍給我們更多的啟示。一直跟隨著他的參謀是這樣評價巴頓將軍的：他敬重並重視自己的工作，把工作當做是用生命去做的事，並為此全心全意的付出。他對工作的熱愛幾乎超出了個人能力的極限，他恨不得奉獻所有的力量，只是為了工作。在他的一生中，他多次因為政治因素或其他原因被調職、解職甚至棄用，他從不計較個人得失，他甚至對艾森豪這樣說：只要能讓我去打仗，就是讓我指揮一個排也行。他是我見過最敬業的軍人。

德國是賓士、寶馬的故鄉。面對賓士、寶馬，你一定會感受到德國工業產品那種特殊的技術美感——從高貴的外觀到性能優異的發動機，幾乎每一個細節都無可挑剔，其中深深地體現出德國人對完美產品的無限追求。德國貨是如此的高品質，以至於在國際上成為「精良」的代名詞。

在歷史上，日耳曼民族就以近乎呆板的嚴謹、認真聞名於世，對於德國的工業產品而言，正是日耳曼民族獨步天下的嚴謹與認真造就了德國產品卓著的口碑。

不過，很少有人知道，是什麼造就了德國人的嚴謹與認真。要是不知道這一點，我們就永遠無法學到日耳曼人打造精良產品的訣竅。

「德國製造」之所以精良，不是因為德國人受了金錢的刺激，而是他們用宗教的虔誠來看待自己的職業，把工作當成自己的「天職」。這一種態度，可以說是造就偉大的日耳曼民族最寶貴的精神資源之一。

敬業的態度對於事業的成功無疑發揮著相當重要的作用，因此可以毫不誇張地說，你找不到一個真正的成功者是不尊重、不熱愛自己的工作。成功者樂於工作，並且能將這份喜悅傳遞給他人，使大家不由自主地接近他們，樂於與他們相處或共事。人生最有意義的就是工作，與同事相處是一種緣分，與顧客、生意夥伴見面是一種樂趣。

羅斯．金說：「只有透過工作，才能保證精神的健康；在工作中進行思考，工作才是件快樂的事。兩者密不可分。」每一件事都值得我們去做，而且應該用心地去做。

羅浮宮收藏著莫內的一幅畫，描繪的是女修道院廚房裡的情景。畫面上正在工作的不是普通的人，而是天使。一個正在架水壺燒水，一個正優雅地提起水桶，另外一個穿著廚衣，伸手去拿盤子——即使日常生活中最平凡的事，也值得天使們全神貫注地去做。

對於一個企業來說，任何一家想以競爭取勝的公司都必須設法使每個員工敬業。沒有敬業的員工就無法為顧客提供高品質的服務，就難以生產出高品質的產品。

敬業表面上看起來是有益於公司，有益於老闆，但最終的受益者卻是自己。當我們將敬業變成一種習慣時，就能從中學到更多的知識，累積更多的經驗，就能從全心全意投入工作的過程中找到快樂。

工作不僅是為了滿足生存的需要，同時也是實現個人人生價值的需要，一個人總不能無所事事地終老一生，應該試著將自己的愛好與所從事的工作結合起來，無論做什麼，都要樂在其中，而且要真心熱愛自己所做的事。

亨利．凱撒——一個真正成功的人，不僅因為冠以其名字的公司擁有十億美元以上的資產，更由於他的慷慨和仁慈，使許多啞巴會說話，使許多跛者過正常人的生活，使窮人以低廉的費用得到了醫療保障……這所有的一切都是由凱撒的母親在他的心田裡所播下的種子生長出來的。

瑪麗．凱撒給了她的兒子亨利無價的禮物——教他如何應用人生最偉大的價值。瑪麗在工作一天之後，總要花一段時間做義務保姆的工作，幫助不幸的人們。她常常對兒子說：「亨利，不工作就不可能完成任何事情。我沒有什麼可以留給你的，只有一份無價的禮物：工作的歡樂。」

凱撒說：「我的母親最先教給我對人的熱愛和為他人服務的重要性。她常常說，熱愛人和為人服務是人生中最有價值的事。」

一旦你領悟了全力以赴地工作能消除工作的辛勞這一個秘訣，你就掌握了獲得成功的真理。即使你的職業是平庸的，如果你處處以盡職盡責的態度去工作，也能增添個人的光榮。一個人工作時，如果能以精益求精的態度，火焰般的熱忱，充分發揮自己的特長，那麼不論做什麼樣的工作，都不會覺得辛勞。用這種積極的態度投入工作，無論做什麼，都很容易獲得良好的效果。

如果我們能以滿腔的熱忱去做最平凡的工作，就能成為最精巧的藝術家；如果以冷淡的態度去做最不平凡的工作，也絕不可能成為藝術家。各行各業都有發展才能的機會，實在沒有哪一項工作是可以藐視的。

有許多人認為自己所從事的工作是低人一等的。他們身在其中卻無法認識到其價值，只是迫於生活的壓力而勞動。他們輕視自己所從事的工作，自然無法全心全意的投入。他們在工作中敷衍搪塞、得過且過，將大部分心思用在如何擺脫現在的工作環境上，這樣的人在任何地方都不會有所成就。

所有正當合法的工作都是值得尊敬的。只要你誠實地做事，沒有人能夠貶低你的價值，關鍵在於你如何看待自己的工作。那些只知道要求高薪，卻不知道自己應承擔什麼責任的人，無論對自己，還是對老闆，都是沒有價值的。

也許某些行業中的某些工作看起來並不高雅，工作環境也很差，無法得到社會的認可，但是，請不要無視這樣一個事實：有用才是偉大的真正標準。在許多年輕人看來，公務員、銀行職員或者大公司的職員才稱得上是紳士，其中一些人甚至願意等待漫長的時間，目的就是去謀求一個公務員的職位。但是，同樣的時間他完全可以透過自身的努力，在現實的工作中找到自己的位置，發現自己的價值。

工作本身沒有貴賤之分，但是對於工作的態度卻有高低之別。看一個人是否能做好事情，只要看他對待工作的態度。而一個人的工作態度，又與他本人的性情、才能有著密切的關係。一個人所做的工作，是他人生態度的表現，一生的職業，就是他志向的表示和理想的所在。所以，瞭解一個人的工作態度，在某種程度上就是瞭解了那個人。

一個視職業為生命的人也許並不能獲得上司的賞識，但至少可以獲得他人的尊重。只有敬業才會得到別人的尊重，如果你已經踏入社會，並有些工作經驗，就會發現不論哪個單位都有一種現象：有些人總是受人尊重，有些人卻被人看不起。在工作上被人看不起，其實與自己的工作態度有很大的關係，如果你能力一般但拼勁十足，人們還是會尊重你。但他們不會尊重一個能力很強，但工作態度不佳的人。如果你能力平平又不敬業，那別人肯定看不起你——甚至還會有失業的可能，誰敢用一個不敬業的人呢？如果你不敬業，你就無法從工作中汲取更多的經驗，而一旦養成不敬業的習慣，你一輩子就別想出頭了！那些投機取巧之人即使利用某種手段爬到一個高位，也往往會被人視為人格低下，無形中給自己的成功之路設下了障礙。不勞而獲也許非常有誘惑力，但是將很快就會付出代價，他們會失去最寶貴的資產——名譽。

然而，無論我們從事什麼行業，無論到什麼地方，我們總是會發現有許多投機取巧、逃避責任和尋找藉口的人，他們不僅缺乏一種神聖的使命感，而且對敬業精神缺乏一種廣泛的理解。他們的理解大多偏執與狹隘。這種習慣或許不會立刻產生什麼效果，但可以肯定的是，當「不敬業」成為一種習慣時，其結果也就可想而知。工作上投機取巧也許只給你的老闆帶來一點點的經濟損失，卻可以毀掉你的一生。

如果一個人鄙視、厭惡自己的工作，那麼他必遭失敗。引導成功者的磁石，不是對工作的鄙視與厭惡，而是真摯、樂觀的精神和百折不撓的毅力。當你如願以償在樂趣中工作的時候，就該愛你所選，不輕言變動。如果你開始覺得壓力越來越大，情緒越來越緊張，在工作中感受不到樂趣，沒有喜悅的滿足感，就說明有些事情不對勁了。如果我們不從心理上調整自己，即使換一萬份工作，也不會有所改觀

那些看不起自己工作的人，往往是一些被動適應生活的人，他們不願意奮力崛起，努力改善自己的生存環境。他們總是固執地認為自己在某些方面更有優勢，會有更廣泛的前途，

但事實上並非如此。

一個對工作不負責任的人，往往是一個缺乏自信的人，也是一個無法體會快樂真諦的人。要知道，當你將工作推給他人時，實際上也是將自己的快樂和信心轉移給了他人。

有些工作從表面看也許索然無味，只有深入其中，才可能認識到其意義所在。因此，無論幸運與否，每個人都必須從工作本身去理解工作，將它看成是人生的權利和榮耀。即使你的處境再不如人意，也不應該厭惡自己的工作，世界上再也找不出比這更糟糕的事情了。如果環境迫使你不得不做一些令人乏味的工作，你應該想辦法使它充滿樂趣。行為本身並不能說明自身的性質，而是取決於我們行動時的精神狀態。工作是否單調乏味，往往取決於我們做它時的心境。不論你的薪水多麼低，不論你的老闆多麼不器重你，只要你能忠於職守，毫不吝惜地投入自己的精力和熱情，漸漸地你會為自己的工作成就感到驕傲和自豪，也會贏得他人的尊重。以主人和勝利者的心態去對待工作，工作自然而然就會變成很有意義的事情。

（二）勤奮的態度

古羅馬人有兩座聖殿，一座是美德的聖殿，一座是榮譽的聖殿。他們在安排座位時有一個順序，即必須經過前者的座位，才能到達後者——勤奮是通往榮譽聖殿的必經之路。

勤奮與功績是羅馬人的偉大箴言，也是他們征服世界的秘訣所在。那些凱旋歸來的將軍都要歸鄉務農。當時，農業生產是受人尊敬的工作，羅馬人之所以被稱為優秀的農業家，其原因也正在於此。正是因為羅馬人推崇勤勞的品格，才使整個國家逐漸變得強大。

然而，當財富日益豐富，奴隸數量日益增多，勞動對於羅馬人變得不再是必要時，整個國家開始走下坡。結果，因為懶散而導致犯罪橫行、腐敗滋生，一個有著崇高精神的民族變得聲名狼藉了。

貪圖安逸將會使人墮落，無所事事會令人退化，只有勤奮工作才是最高尚，才能給人帶來真正的幸福和樂趣。

如果你永遠保持勤奮的工作態度，你就會得到他人的稱許和讚揚，就會贏得老闆的器重，同時也會獲取一份最可貴的資產——自信，對自己所擁有的才能贏得一個人或者一個機構的器重的自信。

天生我才必有用，懶懶散散只會給我們帶來莫大的不幸。有些年輕人用自己的天賦來創造美好的事物，為社會做出貢獻；另外有些人沒有生活目標，縮手縮腳，浪費了天生的資質，到了晚年只能苟延殘喘。本來可以創造輝煌的人生，結果卻與成功失之交臂，不能說不是一個遺憾。

懶惰會吞噬人的心靈，讓人對那些勤奮者充滿了嫉妒。懈怠會引起無聊，無聊也會導致懶散。相反地，工作可以引發興趣，興趣則促成熱忱和進取心。

許多人都抱著這樣一種想法，我的老闆太苛刻了，根本不值得如此勤奮地為他工作。然而，他們忽略了一個道理：工作時虛度光陰會傷害你的雇主，但受傷害更深的是你自己。有一些人花費很多精力來逃避工作，卻不願花相同的精力努力完成工作。他們以為自己騙得過老闆，其實，他們愚弄的只是自己。老闆或許並不瞭解每個員工的表現或熟知每一份工作的細節，但是一位優秀的管理者很清楚，努力最終帶來的結果是什麼。可以肯定的是，升遷和獎勵是不會落在玩世不恭的人身上。

懶惰的人如果不是因為病了，就是因為還沒找到最喜愛的工作。沒有天生的懶人，人總是期望有事可做。由病中痊癒的人，總是盼望能起床四處走動，回到工作崗位上做點事——任何事都可以。

人可以透過工作來學習，可以透過工作來獲取經驗、知識和信心。你對工作投入的熱情越多，決心越大，工作效率就越高。當你抱有這樣的熱情時，上班就不再是一件苦差事，工作就變成一種樂趣，就會有許多人願意聘請你來做你所喜歡的事。工作是為了讓自己更快樂！

如果你掌握了這樣一條積極的法則，將個人興趣和自己的工作結合在一起，那麼，你的工作將不會顯得辛苦和單調。興趣會使你的整個身體充滿活力，使你在睡眠時間不到平時的一半，或者工作量增加兩三倍的情況下，不會覺得疲勞。

（三）熱忱的態度

成功與其說是取決於人的才能，不如說是取決於人的熱忱。這個世界為那些具有真正使命感和自信心的人大開綠燈，到生命終結的時候，他們依然熱情不減當年。無論出現什麼困難，無論前途看起來是多麼的暗淡，他們總是相信能夠把心目中的理想變成現實。

你付出的越多，得到的也會越多。生命中最大的獎勵並不是來自財富的積累，而是由熱忱帶來的精神上的滿足。當你興致勃勃地工作，並努力使自己的老闆和顧客滿意時，你所獲得的利益就會增加。在你的言行中加入熱忱，熱忱是一種神奇的要素，吸引具有影響力的人，同時也是成功的基石。

誠實、能幹、友善、忠於職守、淳樸——這些特徵，對準備在事業上有所作為的年輕人來說，都是不可缺少的，但是更不可或缺的是熱忱。

如果你不能使自己全心全意投入到工作中，你無論做什麼工作，都可能淪為平庸之輩。你無法在人類歷史上留下任何印記；做事馬馬虎虎，只會在平淡中了卻此生。如果是這樣，你的人生結局將和千百萬的平庸之輩一樣。

熱忱是工作的靈魂，甚至就是生活本身。年輕人如果不能從每天的工作中找到樂趣，僅僅是因為要生存才不得不從事工作，僅僅是為了生存才不得不完成職責，這樣的人註定是要失敗的。

當年輕人以這種狀態來工作時，他們一定犯了某種錯誤，或者選錯了人生的奮鬥目標，使他們在不適才適性的工作上，白白地浪費精力。他們需要某種內在力量的覺醒，應當被告知，這個世界需要他們做最好的工作，我們應當根據自己的興趣把各自的才智發揮出來，根據各人的能力，使它增至原來的十倍、二十倍、一百倍。

熱忱是戰勝所有困難的強大力量，它使你保持清醒，使全身所有的神經都處於興奮狀態去進行你內心渴望的事；它不能容忍任何有礙於實現既定目標的干擾。

著名音樂家韓德爾年幼時，家人不准他去碰樂器，不讓他去上學，哪怕是學習一個音符。但這一切又有什麼用呢？他在半夜裡悄悄地跑到秘密的閣樓彈鋼琴。莫札特孩提時，成天要做大量的苦工，但是到了晚上他就偷偷地去教堂聆聽風琴演奏，將他的全部身心都融化在音樂之中。巴哈年幼時只能在月光底下抄寫學習的東西，連點一支蠟燭的要求也被蠻橫地拒絕了。當那些手抄的資料被沒收後，他依然沒有灰心喪志。同樣地，皮鞭和責罵反而使兒童時期充滿熱忱的奧利．布林更專注地投入他的小提琴曲中。

最好的工作成果總是由頭腦聰明並具有工作熱情的人完成的。在一家大公司裡，那些吊兒郎當的老職員們嘲笑一位年輕同事的工作熱情，因為這個職位低下的年輕人做了許多自己職責範圍以外的工作。然而不久後他就被挑選出來，當上了部門經理，進入了公司的管理階層，令那些嘲笑他的人瞠目結舌。一個人要是把他的精力高度集中於他所做的事情，是根本沒有功夫去考慮別人的評價的，而世人也終究會承認他的價值。

所以，對你所做的工作，要充分認識到它的價值和重要性，它對這個世界來說是不可或缺的。全心全意地投入到你的工作中，把它當作是你特殊的使命，把這種信念深深植根於你的頭腦之中！

熱忱，使我們的決心更堅定；熱忱，使我們的意志更堅強！它為思想注入力量，促使我們立刻行動，直到把可能變成現實。不要畏懼熱忱，如果有人願意以半憐憫半輕視的語調稱呼你為狂熱分子，那麼就讓他這麼說吧！一件事情如果在你看來值得為它付出，如果那是對你的努力的一種挑戰，那麼就把你能夠發揮的全部熱忱都投入到其中去吧！至於那些放肆的議論，則大可不必理會。因為成就最多的，向來就不是那些半途而廢、冷嘲熱諷、猶豫不決、膽小怕事的人。

（四）追求完美的工作態度

追求完美的工作表現，並不是指單純地追求工作業績。它也不是一種生活標準。它是一種心理狀態和存在。在完美的工作中，你可以將自己最擅長的才智發揮出來，應用到你孜孜追求的事業上。成功的最好方法，就是把任何事都做得精益求精，盡善盡美。不然你就一定會被淘汰。

不要滿足於尚可的工作表現，要做最好的，你才能成為不可或缺的人物。人類永遠無法做到完美無缺，但是在我們不斷增強自己的力量、不斷提升自己的時候，我們對自己要求的標準會越來越高。這是人類精神的永恆本性。

超越平庸，選擇完美。這是一句值得我們每個人一生追求的格言。有無數人因為養成了輕視工作、馬馬虎虎的習慣，以及對手頭工作敷衍了事的態度，導致一生處於社會底層，不能出人頭地。

在某大型機構一座雄偉的建築物上，有句很讓人感動的格言。那句格言是：「在此，一切都追求盡善盡美。」這句「追求盡善盡美」值得作為我們每個人一生的格言，如果每個人都能用這個格言，實踐這一個格言，決定無論做任何事情都要竭盡全力，以求得盡善盡美的結果，那麼人類的福祉不知會增進多少。

養成了敷衍了事的惡習後，做起事來往往就會不誠實。這樣，人們最後必定會輕視他的工作，從而輕視他的人品。粗劣的工作，就會造成粗劣的生活。工作是人們生活的一部分，做著粗劣的工作，不但使工作的效能降低，而且還會使人喪失做事的才能。所以，粗劣的工作，實在是摧毀理想、生活，和阻礙前進的仇敵。

要實現成功的唯一方法，就是在做事的時候，抱著非做成不可的決心，要抱著追求盡善盡美的態度。無論做什麼事，如果只是以做到「尚佳」為滿意，或是做到半途便停止，那麼絕不會成功。

有人曾經說過：「輕率和疏忽所造成的禍患不相上下。」許多年輕人之所以失敗，就是敗在做事輕率這一點上。這些人對於自己的工作向來不會做到盡善盡美。

許多人在尋找自我發展的機會時，常常這樣問自己：「做這種平凡乏味的工作，有什麼希望呢？」可是，就是在極其平凡的職業中、極其低微的位置上，往往蘊藏著無限的機會。只有把自己的工作做得比別人更完美、更迅速、更正確、更專注，運用自己全部的智力，從舊事中找出新方法來，才能引起別人的注意，使自己有發揮本領的機會，滿足心中的願望。

做完一件工作以後，應該這樣說：「我願意做那份工作，我已竭盡全力、盡我所能來做那份工作，我更願意聽取人家對我的批評。」

成功者和失敗者的分水嶺在於：成功者無論做什麼，都力求達到最佳境地，絲毫不會放鬆；成功者無論做什麼職業，都不會輕率疏忽。

你工作的品質往往會決定你生活的品質。在工作中你應該嚴格要求自己，能做到最好，就不能允許自己只做到次好；能完成百分之百，就不能只完成百分之九十九。不論你的薪水是高還是低，你都應該保持這種良好的作風。每個人都應該把自己看成是一名傑出的藝術家，而不是一個平庸的工匠，應該永遠帶著熱情和信心去工作。

從現在開始，不斷地告訴自己，我可以做得更好，我可以讓這份工作更具意義，那麼你就會成為更加完美的員工。

第三節

薪水不是目的

世上的事情有時就是這麼有趣，你越是想要的東西，你越不要太把它當成一回事。恐怕大家對此也有體會，面對你深愛的女孩，你可能會漲紅臉語無倫次，表現大失水準，可能因此而與其失之交臂。一位大學聯考榜首曾說，一想到要考上最好的名校，我就心煩意亂壓力很大而無心念書，反倒是把這件事情拋到一邊，埋首在緊張的課業中，念書的效果反而很好，最後自然就進入了夢寐以求的第一志願。禪語「不逐是逐，逐是不逐。」因此我們越是需要錢，越是不要把它當成一回事。

薪水固然重要，但是如果你把它視為工作的目的，那麼你只能是處於養家糊口的層次，絕對做不出什麼大事業來，最後也就不會特別有錢。

薪水的數目對你來說當然是多多益善，但是你應該明白，這是一個很小的問題，當你從事該職業時，你就獲得了一個深入那個行業，以及接觸其他人的機會。如果你只是從事你報酬份內的工作，那麼你將無法爭取到人們對你的有利評價。但是，當你從事超過你報酬價值的工作時，你的行動將會促使那些與你的工作有關的人對你做出良好的評價；對工作應該有非做不可的使命感並且要樂在其中。在剛工作的時候，不要太在乎薪水的多少，應該竭力追求熱愛的事業，而非一份可以糊口的工作。如果對工作缺乏熱情，是為了薪水而工作，很可能既賺不到錢，也找不到人生的樂趣。

曾國藩說過：「只顧耕耘，不顧收穫」，他並不是說我們不要收穫。曾國藩的意思很簡單，把種子撒進地裡，種子自然會成長，長到最後自然會有收穫，但是在維護作物成長的過程中給它澆水和施肥更為重要。因為只有這樣，種子才會長得健壯，收穫才會更好。

有一個普通的婦女，最初只是為了不讓家門口是一片黃沙而去植樹，然後承租了幾萬畝沙漠，想讓沙漠變為綠洲。她就那樣年復一年、日復一日地在沙漠上植樹。她可能做夢都沒想到，她有朝一日會成為千萬富婆。但是，她的確成了千萬富婆，單是國際上某個組織給她的獎勵金，就能讓我們普通人嚇一大跳。

她還會在那片沙漠上生活下去，繼續種她的樹，她心裡只有她的樹，而沒有去想賺了多少錢。把金錢放在第一位，你可能會一直處於貧窮之中。

拿破崙．希爾年輕的時候，有一所學院邀請他去講學和做工作報告，他受到了前所未有的歡迎。在此期間，他接觸到許多著名的人士，從那些人身上學習到很多有價值的東西。

他覺得此行非常有意義，所以婉拒了學校給他的一百美元報酬，並對此深表謝意，令學院很欣慰。

第二天一早，院長深有感觸地對學生們說：「我來這所學校已有二十年了，我曾經邀請過數十位著名人士來為我們演講，但是從來沒有人謝絕我們所提供的報酬。拿破崙．希爾是一個例外，他對我們的邀請表示深深地感謝，因為他說他從別人身上學到很有價值的東西，這比報酬更珍貴。」

院長接著說：「這位先生是一家全國性雜誌的總編輯，希望大家能多讀他的雜誌，因為他身上具備罕見的美德和優秀的品行，這是你們人生路上不可或缺的，你們一定能從他身上學到許多書本上學不到的東西。」

有一個紐約的百萬富翁，當年他在一家紡織品公司的薪水最初只有每週七美元零五十美分，後來一下子就漲到了每年一萬美元，過沒多久他還成為了這家紡織品公司的合夥人。

剛去公司的時候，他和公司簽訂五年的工作合約，約定這五年內薪水保持不變。但是他暗自下定決心：決不滿足於這每週七美元零五十美分的低微薪水，決不能就此不思進取。他一定要讓老闆們知道，他絕不比公司中的任何一個人遜色，他是最優秀的人。

他的工作能力很快引起了周圍人的注意，三年之後，他已經如魚得水遊刃有餘，以至於另一家公司願意以三千美元的年薪，聘用他為海外採購員。但是他並沒有向老闆們提及此事，在五年的期限結束之前，他甚至從未向他們暗示過要終止工作協定，儘管那只是一個口頭的約定。也許有很多人會說，不接受如此優厚的條件，他實在是太愚蠢了。但是，在五年的合約到期之後，他所在的公司給予了他每年一萬美元的高薪，後來他還成為了該公司的合夥人。老闆們都很清楚，這五年來他所付出的心力要比他所領的薪水高出數倍，理所當然地，他成為一個獲利者。假如他當時對自己說：「每週七美元零五十美分，他們只給我這麼多，而我也就只拿這麼多好了，既然我只領每週七美元零五十美分，那麼我何必去考慮每週五十美元的業績呢！」如果那樣，你說結局會如何？實際上，這些話正是很多年輕人的想法，他們一邊以玩世不恭的態度工作，對公司報以冷嘲熱諷、頻繁跳槽，蔑視敬業精神、消極懶惰，卻又一邊怨天尤人，埋怨自己懷才不遇生不逢時。因為老闆所付不多就敷衍自己的工作，正是這種想法和做法，令成千上萬的年輕人與成功絕緣。對於一個雇員來說，還有比薪水更重要的東西，那就是工作後面的機會、學習環境和成長過程。工作固然也是為了生計，但比生計更重要的是品格的塑造與能力的提升。如果一個人的工作目的僅是為了薪水的話，那麼，我可以肯定他註定是一個平庸的人。

在賓夕法尼亞的山村裡，曾有一位出生卑微的馬夫，他後來成為美國著名的企業家，他就是查理・施瓦布先生。當時恐怕沒人料到他會有今日的成就！

他小時候的生活環境非常貧苦，只受過短短幾年教育。從十五歲起，孤身一人在賓夕法尼亞的一個山村裡以趕馬車為生。兩年之後，他進城尋找機會，費勁周折才找到一份工作，每週只有二・五美元的報酬。後來他成為卡內基鋼鐵公司的一名工人，日薪一美元。做了沒多久，因為他工作極為出色，他被升任為技師，接著升任為總工程師。過了五年，他便兼任卡內基鋼鐵公司的總經理。到了三十九歲，他躍升為全美鋼鐵公司的總經理。

他由弱而強的秘訣是：他每得到一個位置時，從不把月薪多少放在心裡，他最注意的是把新的位置和過去的比較一番，看看是否更有前途。

當他還是鋼鐵廠一名微不足道的工人時，他就暗暗下定決心：「總有一天我要做到高層管理，我一定要做出成績給老闆看，讓他自動來提拔我。我不去計較薪水，我要拚命工作，我要使我的工作價值遠遠超過我的薪水。」

他每獲得一個位置時，總是以同事中最優秀者做為目標。他從未像一般人那樣不切實際，想入非非。那些人常常不願受規則的約束，常常對公司的待遇感到不滿，做白日夢等待機會從天而降。施瓦布深知一個人只要有遠大的志向並付諸行動就一定可以實現夢想。他從不妄想一步登天，他充滿樂觀和自信，做任何事情都竭盡所能，他的每一次升遷都是水到渠成勢所必然。

與此相反，當今的許多年輕人在剛剛走出校園工作時，總是對自己抱有很高的期望，認為自己一開始工作就應該得到重用，得到相當豐厚的報酬。事實上，剛剛踏入社會的年輕人缺乏工作經驗，是無法委以重任的，薪水自然也不可能很高，於是他們就有了許多怨言。他們看不到薪水以外的東西，曾經在校園中編織的美麗夢想也逐漸破滅了。沒有了信心，沒有了熱情，工作時總是採取一種被動應付的態度，能少做就少做，能躲避就躲避，敷衍了事，以報復他們的雇主。許多年輕人認為他們目前所得的薪水太微薄了，所以把比薪水更重要的東西也放棄了。他們只想對得起自己賺來的薪水，從未想過是否對得起自己的前途，在這個過程中，受害最深的不是別人正是你自己。你就是在日常工作中欺騙了自己，而這種因欺騙所蒙受的損失，即便你日後奮起直追，努力振作，也永遠難以彌補。這樣不僅埋沒了自己的才能，消滅了自己的創造力和進取心，也使自己能成就大事業的特質永遠處於休眠狀態。使自己最後成為一個狹隘、小氣、落魄的人，永遠與成功失之交臂。

之所以會出現這種狀況，一方面是因為現代社會競爭日趨激烈，傳統的經濟模式已被打破，整個社會正處於轉型期，社會保障制度還不健全，這就使人們的心理壓力普遍加大。房子問題、醫療問題、贍養父母的問題、撫養子女的問題、養老的問題等等，這些問題像石頭一樣重重的壓在心裡。現在的年輕人往往表現得很浮躁，將社會看得比上一代人更冷酷、嚴峻，因而也就更加現實與急功近利。

另一個更為重要的原因是在於人們對於薪水缺乏更深入的認識和理解。在他們看來，我為公司賣命，公司付我一份報酬，等價交換，僅此而已。其實薪水只是工作的一種報償方式，雖然是最直接的一種，但也是最短視的。一個人如果只為薪水而工作，沒有更高尚的目標，並不是一種好的人生選擇。

一個以薪水為個人奮鬥目標的人是無法走出平庸的生活模式，也不會有真正的成就感。雖然薪水應該成為工作目的之一，但是從工作中能獲得的更多東西卻絕不僅僅是裝在信封中的鈔票。一些心理學家發現，金錢在達到某種程度之後就不再誘人了。即使你還沒有達到那種境界，如果你忠於自我的話，就會發現金錢只不過是許多種報酬中的一種。

比別人多做一點，你將勝出。

在職場上，常常會有這樣的情況發生，你和別人一樣按部就班的工作，該做的工作你也都做了，可是卻總是默默無聞不被重視，升官加薪的好事也沒份，為什麼會這樣？那些很快在工作中脫穎而出的人是因為他們運氣特別好，還是因為他們善於左右逢迎？

首先我們來看一個例子：小甲和小乙同時進入公司，資歷相當，兩年以後小甲被升職，小乙原地不動，小乙忿忿不平去找經理，經理知道他的來意就心平氣和的對他說，這樣吧，你先去幫我辦一件事情，去市場看看有沒有賣馬鈴薯。小乙不明其意但也照著去做了，很快他從市場跑回來告訴經理市場上有人賣馬鈴薯。經理又問，市場上有幾家賣馬鈴薯？這個小乙倒是沒留意就又跑去市場，回來報告說有兩家。不料經理又問，這兩家的價格是多少，小乙第三次跑到市場問明價格，一家是一斤二十五元，另一家是三十元。經理不再問了，叫來了小甲，同樣是叫小甲去市場看看有沒有賣馬鈴薯。小甲回來以後對經理說，市場上有賣馬鈴薯，共有兩家，價格分別是二十五元和三十元，這是兩家的樣品。經理滿意的點點頭，小甲離開以後，經理問小乙：「現在你明白了吧？」小乙這才恍然大悟心服口服。

事實上想要在競爭中勝出，在工作中僅僅做到全心全意、盡職盡責是不足以使你脫穎而出的，你還應該比自己份內的工作多做一點，比別人期待的更多一點，多為你的老闆和你的客戶著想，如此才能吸引更多的注意，創造更多的機會。成功的人永遠比一般人做得更多更徹底。

大多數人不明白「多付出一些」的道理，他們認為只要把自己的工作做好就可以了。對於老闆安排的額外工作，不是抱怨就是不主動去做。這樣的員工，搞不好飯碗都難保住，更不要說獲得升職加薪的機會了。

在柯金斯擔任福特汽車公司總經理時，有一天晚上，公司裡因有十分緊急的事，要發通知信給所有的營業處，所以需要全體員工協助。不料，當柯金斯安排一個做書記員的下屬去幫忙套信封時，那個年輕的職員傲慢地說：「這不是我的工作，我不幹！我到公司裡來不是做套信封工作的。」柯金斯聽了很憤怒，但他仍平靜地說：「既然這件事不是你分內的事，那就請你另謀高就吧！」

一個青年人要想縱橫職場，獲得成功，除了盡心盡力做好自己的工作以外，還要多做一些分外的工作。這樣，可以讓你隨時保持鬥志，在工作中不斷地鍛鍊自己和充實自己。當然，分外的工作也會讓你擁有更多的表演舞臺，讓你把自己的才華適時地表現出來，引起別人的注意，得到老闆的重視和認同，埋下日後成功的種子。

卡洛·道尼斯先生最初為杜蘭特工作時，職務很低，現在已成為杜蘭特先生的左右手，擔任其子公司的總裁。他之所以能如此快速升遷，秘密就在於「每天多做一點」：「在為杜蘭特先生工作之初，我就注意到每天下班後，所有的人都回家了，杜蘭特先生仍然會留在辦公室裡繼續工作到很晚。因此，我決定下班後也留在辦公室裡。是的，的確沒有人要求我這麼做，但是我認為自己應該留下來，在需要時為杜蘭特先生提供一些幫助。」

「工作時杜蘭特先生經常找檔案、列印資料，最初這些工作都是他自己親自來做。很快地，他就發現我隨時在等待他的召喚，並且逐漸養成呼喚我的習慣……」

杜蘭特先生為什麼會養成召喚道尼斯先生的習慣呢？因為道尼斯自動留在辦公室，使杜蘭特先生隨時可以看到他，並且誠心誠意為他服務。這樣做獲得了報酬嗎？沒有。但是，他獲得了更多的機會，使自己贏得老闆的關注，最後得到了提拔。

有幾十種甚至更多的理由可以解釋，你為什麼應該養成「每天多做一點」的好習慣——儘管事實上很少有人這樣做。

首先，在建立了「每天多做一點」的好習慣之後，與四周那些尚未養成這種習慣的人相比，你已經具有了優勢。這種習慣使你無論從事什麼行業，都會有更多的人指名道姓地要求你提供服務。

提前上班，別以為沒人注意到，老闆可是睜大眼睛在看著呢！如果能提早一點到公司，就說明你十分重視這份工作。每天提前一點到達，可以對一天的工作做個規畫，當別人還在考慮當天該做什麼時，你已經走在別人前面了！

其次，想成為一名成功人士，必須樹立終身學習的觀念。既要學習專業知識，也要不斷拓寬自己的知識面，一些看似無關的知識往往會對未來發揮莫大的作用。而「每天多做一點」

則能為你提供這樣的學習機會。

如果不是你的工作而你做了，這就是機會。有人曾經研究為什麼當機會來臨時我們無法確認，因為機會總是喬裝成「問題」的樣子。當顧客、同事或者老闆交給你某個難題，也許正為你創造了一個珍貴的機會。對於一個優秀的員工而言，公司的組織結構如何，誰該為此問題負責，誰應該具體完成這一個任務，都不是最重要的，在他心目中唯一的想法就是如何將問題解決。每天都多做一點工作固然是為了生計，但是比生計更可貴的，就是在工作中充分挖掘自己的潛能，發揮自己的才幹，做正直而純正的事情。

「比別人多做一點」的第三點理由是，現在的競爭壓力這麼大，誰能確定什麼時候會發生破產失業這類事情？如果你能居安思危比份內的工作多做一點，培養一種超凡的技巧與能力，使自己具有更強大的生存力量，那麼在危機到來之時你就可以從容應對從而擺脫困境。如果你希望將自己的筋骨變得更強壯，唯一的方法就是利用它來做最艱苦的工作。相反地，如果長期不使用你的肌肉讓它養尊處優，其結果就是使它變得更虛弱甚至萎縮。在困境中搏鬥往往能夠產生巨大的力量，這是人生永恆不變的法則。

以下的故事就是說明洪水未到先築堤的道理。一隻野狼臥在草地上勤奮地磨牙，狐狸看到了，就對牠說：「天氣這麼好，大家在休息娛樂，你也加入我們的隊伍吧！」野狼沒有說話，繼續磨牙，把牠的牙齒磨得又尖又利。狐狸奇怪地問道：「森林這麼靜，獵人和獵犬已經回家了，老虎也不在附近徘徊，又沒有任何危險，你何必那麼努力磨牙呢？」野狼停下來回答說：「我磨牙並不是為了娛樂，你想想，如果有一天我被獵人或老虎追逐，到那時我想磨牙也來不及了。平時我就把牙磨好，到時候就可以保護自己了。」

做事應該未雨綢繆，居安思危，這樣在危險突然降臨時，才不至於手忙腳亂。「書到用時方恨少」，平常若不補充知識鍛鍊才能，臨時抱佛腳肯定是來不及的。也有人抱怨沒有機會，然而當升遷機會來臨時，再慨歎自己平時沒有累積足夠的學識與能力，以致不能勝任，也是悔之晚矣。

每天多做一點，初衷也許並非是為了獲得報酬，但往往獲得的更多。

對艾倫一生影響深遠的一次職位升遷是由一件小事情引起的。在一個星期六的下午，一位律師（其辦公室與艾倫在同一層樓）走進來問他，何處能找到一位速記員來幫忙——手頭有些工作必須當天完成。

艾倫告訴他，公司所有的速記員都去看球賽了，如果晚來五分鐘，自己也會走。但艾倫同時表示自己願意留下來幫助他，因為「球賽隨時都可以看，但是工作必須在當天完成。」

做完工作後，律師問艾倫應該付他多少錢，艾倫開玩笑地回答：「哦，既然是你的工作，大約一千美元吧！如果是別人的工作，我是不會收取任何費用的。」律師笑了笑，向艾倫表示謝意。

艾倫的回答不過是一個玩笑，並沒有真正想拿一千美元。但出乎艾倫的意料，那位律師竟然真的這樣做了。六個月之後，當艾倫已將此事忘到了九霄雲外時，律師卻找到了艾倫，交給他一千美元，並且邀請艾倫到自己公司工作，薪水比現在高出一千多美元。

一個週六的下午，艾倫放棄了自己喜歡的球賽，多做了一點事情，最初的動機不過是出於樂於助人的願望，而不是金錢上的考量。艾倫並沒有放棄自己的休假日去幫助他人的義務，但是他那樣做，不但為自己增加了一千美元的現金收人，還帶來一項比以前更重要和收入更高的職務。

另一位成功人士也曾經說過自己是如何走上富裕道路的。

「五十年前，我開始踏入社會謀生，在一家五金店找到了一份工作，每年才賺七十五美元。有一天，一位顧客買了一大批貨物，有鏟子、鉗子、馬鞍、盤子、水桶、籮筐等等。這位顧客過幾天就要結婚了，提前來購買一些生活用具是當地的一種習俗。貨物堆放在獨輪車上，裝了滿滿一車，騾子拉起來也有些吃力。送貨並非是我的職責，而完全是出於自願——我為自己能運送如此沉重的貨物感到自豪。

一開始一切都很順利，但是，車輪一不小心陷進了一個不深不淺的泥潭裡，使盡吃奶的力氣都推不動。一位心地善良的商人駕著馬車路過，用他的馬拖起我的獨輪車和貨物，並且幫我將貨物送到顧客家裡。在向顧客交付貨物時，我仔細清點貨物的數目，一直到很晚才推著空車艱難地返回商店。我為自己的所作所為感到高興，但是，老闆卻並沒有因為我的額外工作而稱讚我。」

「第二天，那位商人將我叫去，告訴我說，他發現我工作十分努力，充滿了熱忱，尤其注意到我卸貨時清點物品數目的細心和專注。因此，他願意為我提供一個年薪五百美元的職位。我接受了這份工作，並且從此走上了致富之路。」

還有一種方法可以幫助我們記住生活中這條最艱辛的原則：那就是如果人家要你走一里路，那麼你要自願多走一里路。從古至今，能夠做到這一點的人寥寥無幾，但只有他們享受到了成功的殊榮。

美國一位年輕的鐵路郵差，和其他郵差一樣，用陳舊的方法分發信件。大部分的信件都是憑這些郵差不太準確的記憶撿選後發送的。因此，許多信件往往會因為記憶出現差錯而耽誤幾天甚至幾個星期才送達。於是，這位年輕的郵差開始尋找新辦法。他發明了一種把寄往某一地點的信件統一彙集起來的制度。就是這一件看起來很簡單的事，成了他一生中意義最為深遠的事情。他的圖表和計畫吸引了上司們的廣泛注意。很快地，他獲得了升遷的機會。五年以後，他成了鐵路郵政總局的副局長，不久又被升為局長，從此踏上了美國電話電報公司總經理的路途。他的名字叫希歐多爾・韋爾。

你沒有義務要做自己職責範圍以外的事，但是你也可以選擇自願去做，以鞭策自己快速前進。率先主動是一種極珍貴、備受看重的素養，它能使人變得更加敏捷與積極。無論你是管理者，還是普通職員，「每天多做一點」的工作態度能使你從競爭中脫穎而出。你的老闆、委託人和顧客會關注你、信賴你，從而給你更多的機會。

每天多做一點工作也許會占用你的時間，但是，你的行為會使你贏得良好的聲譽，並增加他人對你的需要。

社會在發展，公司在成長，個人的職責範圍也隨之擴大。不要總是以「這不是我份內的工作」為由來逃避責任。當額外的工作分配到你的頭上時，不妨視它為一種機遇。

下一次當顧客、同事和你的老闆要求你提供幫助，做一些份外的事情，而不是讓他人來處理時，積極地伸出援手吧！努力從另外一個角度來思考，譬如換一個角色，自己是這件事的負責人時，你將如何來解決這些問題？

對於那些剛剛踏入社會的年輕人來說更是如此。想要獲得成功，就必須做得更多更好。

一開始我們也許從事秘書、會計和出納之類的事務性工作，難道我們要在這樣的職位上做一輩子嗎？成功者除了做好自己的工作以外，還需要做一些不太尋常的事情來培養自己的能力，引起人們的關注。想要傑出一定得先付出。斤斤計較的人，沒有一點奉獻精神是不可能創業的。要先用行動讓別人知道，你有超過所得的價值，別人才會為你開出更高的價格。

有一位美國大企業的美籍華人常務副總裁，出國前所學的是企業管理，可是到美國的第一份工作卻是倉庫保管員。就是這份常人看來難有作為的工作，被他做得有聲有色，因為他堅持認為，自己即使是看倉庫，也要做出企業管理的水準。他以貨物的流通為切入口，透過各種貨物的流通速度評判公司各項業務，找出周轉緩慢需要調整的業務，並不斷交出分析報告。他這麼做完全出於主動，他把公司的問題當做自己的問題，所以十年間，他從管理員做到了副總裁，掌握著一百億美元的資金。他雖然沒有學過MBA，但是時常被大學邀請開MBA的講座。

如果你是一名貨運管理員，也許可以在發貨清單上發現一個與自己的職責無關的錯誤；如果你是一個過磅員，也許可以質疑並糾正磅秤的刻度錯誤，以免公司遭受損失；如果你是一名郵差，除了保證信件能及時準確到達，也許可以做一些超出職責範圍的事情……這些工作也許是專業技術人員的職責，但是如果你做了，就等於播下了成功的種子。

「多付出一點」不僅僅是指時間和精力的付出，也包括隨時多為對方的利益著想。華人首富李嘉誠，他有很多的哲學令人欽佩，有一次記者問李澤楷，你父親教了你什麼賺錢和成功的秘訣？結果李澤楷說父親什麼也沒有教。記者覺得很吃驚，李澤楷說父親只教了我做人處世的道理。記者再問，父親教你做人處世的道理，那些道理是怎麼樣教人成功的？我父親跟我說，假如你和別人合作，如果你拿七分合理，八分也可以，那我們李家拿六分就行了。

這是什麼意思？他讓別人多賺兩分，完全沒有占到便宜。可是這樣做每個人就知道和李嘉誠合作能多賺一些，便有更多的人願意和他合作，你想想看，雖然他只拿六分，但現在多了一百個人，他現在多拿多少分？成大事的人他的想法必然也是考慮大局，他不會只盯著眼前的一點小利，而放棄更長遠的利益。

付出多少，得到多少，這是一個眾所周知的因果法則。也許你的投入無法立刻得到回報，也不要氣餒，應該一如既往地多付出一點。回報可能會在不經意間，以出人意料的方式出現。最常見的回報是升遷和加薪。除了老闆以外，回報也可能來自他人，以一種間接的方式來實現。

對百萬富翁成功經驗的研究也反覆證明了額外投入的回報原則，尤其是在這些人早期創業時，這條原則尤顯重要。當他們的努力和個人價值沒有得到老闆的承認時，他們往往會選擇獨立創業，在這個過程中，早期的努力使其大受裨益。你付出的努力如同存在銀行裡的錢，當你需要的時候，它隨時都會為你服務。

第四節 成為所投身行業的專家

無論從事什麼職業，都應該精通它。讓這句話成為你的座右銘吧！下決心掌握自己工作所涉及到的所有問題，使自己變得比他人更精通。如果你是工作方面的行家，精通自己的全部業務，就能贏得良好的聲譽，也就擁有了一種潛在成功的秘密武器。

做事精深要勝過博大，要讓自己成為本業的專家，精通一項技藝就足夠使人安身立命。千萬別使自己成為樣樣通樣樣鬆的人物，那樣只能混口飯吃，充當「跑龍套」的角色。要做治療某種病的特效藥而不要做可有可無的萬金油。

要想成為工作中的權威人物，要學會主動給自己「加壓」，到公司的第一年，你可能是個毛頭小夥子，那第二年，第三年呢？要想增加自身「資格」的含金量，非得主動加壓不可。

如果你是一個熱愛寫作的人，那麼初到報社，你或許只能做校對或給讀者回信的工作，但隨著上司對你工作的認可，為什麼不多寫些稿子，朝記者的方向發展呢？等進入狀況後，為什麼不以報社編輯的職責來嚴格要求自己呢？主動給自己加壓，任何努力都會有回報，或許在你默默地、光明磊落地「表現自己」的時候，你的上司已在一旁微笑著注意你了。

有一個年輕人就個人努力與成功之間的關係請教一位偉人：「你是如何完成如此多的工作？」偉人告訴他：「我在一段時間內只會集中精力做一件事，但我會徹底做好它。」

如果你對自己的工作沒有做好充分的準備，又怎能因自己的失敗而責怪他人、責怪社會呢？現在，最需要做到的就是「精通」二字。就像大自然要經過千百年的進化，才長出一朵豔麗的花朵和一顆飽滿的果實。

第五節

終生學習

在當代，一個人想要獲得成功必須要樹立終生學習的觀念。要想做好工作，並且不斷地得到成長，就必須不斷地學習新的知識。書本上的要學，實踐中更要學，只有擁有著一顆上進的心，工作才能獲得更高的目標，事業才能有發展。

在IBM的員工當中流傳著這樣一句話：「無論你進IBM時是什麼顏色，透過學習，你都會變成藍色（IBM有「藍色巨人Big Blue」的稱號）」IBM公司以其出色的員工培訓而聞名遐邇，而IBM的員工則以其不斷學習的能力變得出類拔萃。

想要做好工作，就必須不斷地學習新的知識，把工作中的壓力變成學習的動力。奧文·托佛勒曾說：「在這個偉大的時代，文盲不是不能讀和寫的人，而是不能學、無法拋棄陋習和不願重新再學的人」。

哈佛大學的學者們認為，現在的企業發展已經進入到第六階段——全球化和知識化階段。

在這個階段，企業將變為一個新的形態——學習型組織。在學習型的企業組織中，無論是分配給你完成一個應急的任務，還是反覆要求你在短時間內成為某個新專案的行家，善於學習都能使你在變化無常的環境中應付自如。

曾在一家大型跨國公司擔任銷售經理的傑克，三年來一直忙於日常事務，在與形形色色的客戶應酬中度過了每一天。現在，他的下屬則透過自學拿到了史丹佛大學的管理碩士學位，學歷比他高，能力比他強，在數年的商業競爭中獲得了豐富的經驗，羽翼日漸豐滿，銷售業績驚人。在公司最近的外貿洽談會上，他以出色的表現，令一位眼光很高、很挑剔的大客戶大為讚歎，也贏得了總裁青睞，委以經理重任，而傑克則慘遭淘汰。

巴里．傑林斯先生是美國電子產業協會的副主席。他始終知道自己要做什麼，他很早就打算進入電子領域，他先是考取了經濟學碩士，然後再去一家小公司充電，如願以償進了通用電氣後，他發現大公司裡的主管善於一隻眼忙工作，一隻眼看世界。他開始關注世界形勢和宏觀的經濟局面，對於老闆分配的任務他總是及時完成，他的好學得到了老闆的賞識，並得到升遷的嘉獎。

這些都是好學者成功的例子，他們在一開始時都做一些普通工作，沒有人注意他們，更沒有人會認為他們是自己的競爭對手。可是他們並沒有放棄，堅持學習，不斷地充實自己，上帝就會為你多分一份麵包。在這個世界上，上帝總是會偏愛那些刻苦勤奮的人，不斷地努力付出總是會有回報的。

第六節

若即若離是人際交往的根本

在職場中令很多人深深感到煩惱的並不是工作本身而是處理不好人際關係。我們經常發出或聽到「人際關係太複雜了！」這樣的感歎。

處理人際關係也要抱著順其自然的態度，不要刻意去經營人際關係，喜歡你的人自然會喜歡，不喜歡你的人也勉強不來。不要把大量的時間和精力花在這上面，更重要的是要把該做的工作做好。

人際交往的根本問題在於與別人相處時，距離能否保持得當。做好人際關係的精髓在於若即若離，既不糾纏也不遠離的狀態，這一個原則在某種程度上也適用於處理戀人、朋友關係。

在卡內基的成功人際交往想法中，最重要的就是要遵循心理交往中的功利原則——這一原則是建立在人的各種需要的基礎上，即人際交往是滿足人們需要的活動。

心理學家霍曼斯早在一九七四年就曾經提出人與人之間的交往，本質上是一種社會交換，這種交換與市場上的商品交換所遵循的原則是一樣的，即人們都希望在交往中所得到的不少於所付出的。其實有時只是得到的不能少於付出的，如果得到的大於付出的，也會令人們心理失去平衡。

不要對人太好了！如果好事幾乎都被做盡了，也會為你帶來意想不到的結果。對一個有勞動能力、心智健全的人來說，獨立、付出都是內部的需要。人際關係中如果不能相互滿足某種需要，那麼這種關係維持起來就比較困難。

人際交往要有所保留，初入社交圈的人常犯的一個錯誤就是「好事一次做盡」，以為自己全心全意為對方做事會讓關係融洽、密切。事實上並非如此。因為人不能一味接受別人的付出，否則心理會感到不平衡。「滴水之恩，湧泉相報」，這也是為了使關係平衡的一種做法。如果好事一次做盡，使人感到無法回報或沒有機會回報的時候，愧疚感就會讓受惠的一方選擇疏遠。更有甚者，還會出現「無以為報，恩將仇報」的情況。所以，留有餘地，好事不應一次做盡，這也許是平衡人際關係的重要準則。

留有餘地，適當地保持距離，因為彼此心靈都需要一點空間。如果你想幫助別人，而且想和別人維持長久的關係，那麼不妨適當地給別人一個機會，讓別人有所回報，這樣才不至於因為內心的壓力而疏遠了雙方的關係。而「過度投資」，不給對方喘息的機會，就會讓對方的心靈窒息，留有餘地，彼此才能自由暢快地呼吸。

第三章 目標管理

哈佛大學曾對一群智力、學歷、環境等客觀條件都差不多的年輕人，做過一個長達二十五年的追蹤調查，調查內容為目標對人生的影響，結果發現：

二七％的人，沒有目標；

六〇％的人，目標模糊；

一〇％的人，有清晰但比較短期的目標；

三％的人，有清晰且長期的目標。

二十五年後，這些調查對象的生活狀況如下：

三％有清晰且長遠目標的人，二十五年來幾乎都不曾更改過自己的人生目標，並向實現目標而努力。二十五年後，他們幾乎都成了社會各界頂尖的成功人士，他們之中不乏創業者、各行各業領袖、社會精英。

一〇％有清晰短期目標者，大都生活在社會的中上層。他們的共同特徵是：那些短期目標不斷得以實現，生活水準穩定上升並成為各行各業不可或缺的專業人士，如醫生、律師、工程師、高級主管等。

六〇％目標模糊的人，幾乎都生活在社會的中下層，能安穩地工作與生活，但是都沒有什麼特別的成績。

剩下二七％沒有目標的人，幾乎都生活在社會的最底層，生活狀況很不如意，經常處於失業狀態，靠社會救濟，並且時常抱怨他人、社會與世界。

調查者因此得到結論：目標對人生有相當大的引導作用。成功，在一開始僅僅是一種選擇，你選擇什麼樣的目標，就會有什麼樣的人生。

為什麼大多數人沒有成功？真正能完成自己計畫的人只有五％，大多數人不是將自己的目標捨棄，就是淪為缺乏行動的空想。

拿破崙．希爾認為成功就是逐步實現一個有意義的既定目標。把你的理想分成工作、家庭和社交三種。人的目標可以分成許多種，它包括工作、家庭、人際關係、健康、經濟收入等多方面。目標是階段性的，不同時期有不同的目標；目標又是相容的，每個人不可能只有一個目標，他同時可能擁有幾個目標。

陳安之把成為本業中最頂尖的人物設為最終目標，認為只要你能成為最好的人物，最好的事情就會發生在你身上。當你想要得到一切最美好的事物，你必須把自己變成最好的人，以成為該行業中的世界最頂尖者做為你人生的最終目標，這樣的話，你一定可以實現你所有的夢想。

還有人把成功概括為就是過平衡式的生活，就是要每天進步一點點，要幫助更多人成功，創造出更多的財富，把這個當做人生的使命。

心理學家馬斯洛認為自我實現是人的最大目標，人是以實現自我而行動的，所以最能表現人類的生活方式。人類的本性和最終目標是實現真、善、美。不管你對成功所下的定義是要成為本業中的頂尖人物，要賺取非常多的財富，要成為一個非常稱職的家庭主婦，要建立良好的人際關係，要擁有一個健康的身體，要擁有寧靜的心靈，或是對社會有所貢獻，這些都可以歸納成為自己的目標。一個人要成功，就要達成自己預先所設定的目標。所以，成功的第一步，從設立目標開始。

拿破崙．希爾認為你過去或現在的情況並不重要，你將來獲得什麼成就才最重要。除非你對未來有理想，否則做不出大事來。人無遠慮則必有近憂，看不到將來的希望就激發不出現在的動力。如果你有目標、有希望，你就能從現實中超脫出來，擺脫眼前的煩惱，進入未來的空間。

有人說，一個人無論現在年齡有多大，他真正的人生之旅，都是從設定目標的那一天開始的。以前的日子，不過是在繞圈子而已。有這樣一個寓言故事：

在唐朝的時候有一匹白馬和一頭驢子，牠們從小在一起長大一起工作，後來白馬被選中馱唐僧去西天取經，驢子被留在家裡每天朦著眼睛拉磨。十幾年以後白馬取經回來，向驢子講述取經路上經歷的種種奇遇。驢子對白馬獲得的成就和豐富的經歷羨慕不已。白馬說其實我們走過的路程是一樣多的，都是十萬八千里，不同的只是我雙眼能夠望著目標一直向前走。

社會上想改變自己處境的人很多，但是很少有人將這種改變處境的欲望化為一個個清晰明確的具體目標，並為之奮鬥。結果，這些人的欲望也僅僅是欲望而已。

許多人埋頭苦幹，卻不知所為何來，到頭來發現成功的階梯搭錯了方向，卻為時已晚。因此，我們必須掌握真正的目標，並擬定目標，凝聚繼續向前的力量。

成功人士比你富一千倍，就能說明他們比你聰明一千倍嗎？絕對不是。關鍵在於他們確立了人生的目標。

《富比士》世界富豪，日籍韓裔富豪孫正義十九歲的時候曾做過一個五十年的生涯規畫：二十多歲時，要向所投身的行業宣布自己的存在；三十多歲時，要有一億美元的種子資金去做一件大事情；四十多歲時，要選一個非常重要的行業，然後把重點都放在這個行業上，並在這個行業中奪得第一，公司有十億美元以上的資產用於投資，整個集團擁有一千家以上的公司；五十歲時，完成自己的事業，公司營業額超過一百億美元；六十歲時，把事業傳給下一代，自己回歸家庭，頤養天年。現在看來，孫正義正在逐步實現著他的計畫，從一個撞球店小老闆的兒子，到今天聞名世界的大富豪，孫正義只用了短短的十幾年。

富人與窮人的區別就在於富人有自己明確的奮鬥目標，要想成為富人就必須確定成為富人的目標。當你確定好你的人生目標時，才能成為一艘有航行目標的船，任何方向的風都會成為順風。當你拎起第一桶金後，你會發現賺第二個一百萬比賺第一個一百萬容易得多。

第一節 目標決定人生

有什麼樣的目標，就有什麼樣的人生。你知道如何訓練跳蚤嗎？這是一件很嚴肅的事情，因為在你知道怎麼樣去做這件事之前，你無法使自己變得更偉大。

當你訓練跳蚤時，把牠們放在廣口瓶中，用透明的蓋子蓋上。這時跳蚤會跳起來，撞到蓋子，而且是一再地撞到蓋子，當你注視牠們跳起並撞到蓋子的時候，你會注意到一些有趣的事情。跳蚤會繼續跳，但是不再跳到足以撞到蓋子的高度。然後你拿掉蓋子，雖然跳蚤繼續在跑，但不會跳出廣口瓶外面。

理由很簡單，牠們已經調節了自己跳的高度，而且適應這種情況，不再改變。不但跳蚤如此，人也一樣，有什麼樣的目標就有什麼樣的人生。我們周圍有許多人都明白自己在人生中應該做些什麼，但就是遲遲不採取行動，其根本原因乃是他們欠缺一些能吸引他們的未來目標。若你就是其中之一，那麼本章將教你怎麼去挖掘出從未想到的潛能，進而採取行動以實現那些從來不敢想的美夢。以下就請各位釋放自己的想像力，重新回到孩提時代，大膽表達出心中的想法，只要你真的有心，這些夢很快便會成為現實。

不知道你是否還記得阿拉伯神話故事《天方夜譚》？阿拉丁神燈可能是大家最喜歡的一段，而你一定曾經希望手中能有這樣一盞神燈：只要用手摩擦一下，就能從裡面跑出一個精靈，幫助你實現心中的願望。在此要告訴你一個秘密：你身上就有一個精靈幫助你實現心中的願望，它還不止讓你實現三個願望呢！

此刻就是你指揮身上那個精靈的機會，只要你決心去喚醒它，它便能使你的人生無往不利。只要你不拴住自己的想像力並下定決心，那麼你所作的夢遲早都會實現。

對此，世界頂尖潛能大師曾經這樣說：「有什麼樣的目標，就有什麼樣的人生。」

洛杉磯郊區有個年僅十五歲的孩子，擬了一份表格，題目為《一生的志願》，其中包括：

「到尼羅河、亞馬遜河和剛果河探險；登上聖母峰、吉力馬札羅山和麥特荷恩山；駕馭大象、駱駝、鴕鳥和野馬；探訪馬可波羅和亞歷山大一世走過的路；主演一部像「泰山」那樣的電影；駕駛飛行器起飛降落；讀完莎士比亞、柏拉圖和亞里斯多德的著作；譜一部樂譜；寫一本書；遊覽全世界的每一個國家；結婚生孩子；參觀月球……」

他把每一項編了號碼，共有一百二十七個目標。當他把夢想莊嚴地寫在紙上之後，他開始循序漸進地實行。

十六歲那年，他和父親到喬治亞洲的奧克費諾基大沼澤和佛羅里達州的埃弗洛萊茲探險。他按計畫實現了自己的目標，四十九歲時，他完成了一百二十七個目標中的一百零六個。這個美國人叫約翰·戈達德，獲得了一個探險家所能享有的一切榮譽。他集腋成裘、不辭艱苦地努力實現包括遊覽長城（第四十號）及參觀月球（第一百二十五號）等目標。如果你也能像他一樣，從小擁有遠大的抱負，總有一天，你也會發現自己是那個走得最遠的人！

經常有人說：「我的問題就在於沒有目標。」此話只能說明他不瞭解目標的真正意義。事實上，追求快樂、避開痛苦便是我們人生的目標。所以說，我們是有目標的，只不過要看這個目標是否能促使我們採取行動，去追求高品質的人生。

遺憾的是，大多數人所追求的目標只在於如何付清每個月惱人的帳單，當一個人落到這樣的地步就根本談不上人生目標了。我們要記住，有什麼樣的目標就有什麼樣的人生，目標對於我們的人生來說，就像撒在園中的種子，如果我們不留意，有一天野草就會蔓生，它無須我們關照太多，自然會長得又快又多。如果你期望潛能得以充分發揮，那麼就請你訂下一個遠大的目標，相信你在向它挑戰的過程中會發現無窮無盡的機會，使人生攀升到另一個層次。今天的你是真正的你嗎？你的潛能完全發揮出來了嗎？相信你的未來會遠勝於今天，現在是你下定決心給自己訂一個值得追求的目標的時候了。

不僅個人的成功需要目標，對於一個企業的成功來說目標也是不可缺少的。摩托羅拉公司就是因追逐目標而成功的典型：

就外表來看，你也許會覺得美國國家品質獎是一座不太起眼的小雕像，可是它卻象徵著美國企業界的最高榮譽。要贏得此獎，公司必須使藍帶小組的人信服，他們能生產全國最高品質的產品。

在一九八八年有六十六家公司角逐美國國家品質獎，競爭非常激烈。大部分參賽單位，實際上都是大公司，像IBM、柯達、惠普的某一部門。但最後奪魁的是摩托羅拉整個公司，而非單一部門。摩托羅拉於一九八一年就開始競爭該獎章，它派一個偵察小組，赴世界各地表現優異的製造機構進行考察。目的不僅是看他們怎麼做，也要看他們如何精益求精。

所有摩托羅拉的員工都面臨著挑戰，力求大幅度降低工作中的錯誤率，一批論時計酬的工人負責指出錯誤並有獎賞。工程師所設計的手機零件數目，由一千三百七十八項減至五百二十三項。結果是：錯誤率降低九〇％。但摩托羅拉仍不滿意。

公司又設定了新的目標，就手機而言目標是：每產生一百個零件，其中僅能容許三、四個錯誤。也就是說，要求所生產的手機的合格率達到九九•九九九七％。

所有摩托羅拉員工都收到一張皮夾大小的卡片，上面標示著公司的目標。公司還製作了一卷錄影帶，解釋為什麼九九%的產品無故障仍嫌不足。這卷錄影帶指出，如果這個國家的每一個人都以九九%的品質來工作，那每年就會有二十萬份錯誤的醫藥處方，更別說會有三萬名新生兒因為醫生或護士失手而掉落地上。試問，九九%的品質，對於將其性命託付給摩托羅拉無線電對講機的員警而言，是否足夠？

到了美國國家品質獎真正評審的時間，摩托羅拉的產品品質達到了無人可以匹敵的水準，輕易獲勝。

贏得一面金牌，對一名奧運選手而言，是一輩子擁有一份永恆不變的光輝記憶。不論他是否獲得廠商數百萬美元的贊助，那個時刻都足以使其畢生引以為榮。然而，一家公司並不能僅憑著最高主管辦公室裡的一尊小獎盃，便維持對品質要求的高度執著。

一九八八年度，摩托羅拉因減掉了昂貴的零件修復與替換工作，而節省了二億五千萬美元。收入增加了二三%，利潤提高了四四%，達到前所未有的紀錄。這樣的盈餘很令人欣慰，也出乎原先的預期。

摩托羅拉全公司上下士氣高昂。一名主管聲稱：「得美國國家品質獎，有一種金錢買不到的奇效。」

這就是目標的效力，有什麼樣的目標就有什麼樣的人生。

第二節

目標使我們產生積極性

你給自己定下目標之後，目標就會在兩個方面發揮作用：它是努力的依據，也是對你的鞭策。目標給了你一個看得見的標靶。大多數人之所以失敗，是因為他們不知道自己希望的是什麼？如果不知道標靶在何處，你怎麼能擊中標靶呢？

所以，隨著你努力實現這些目標，你會有成就感。隨著時間的推移，你實現了一個又一個目標，這時你的思考方式和工作方式也會漸漸改變。

然而有一點很重要，你的目標必須是具體的，可以實現的。如果目標不具體——無法衡量是否實現了——那會降低你的積極性。為什麼？因為向目標邁進是動力的泉源。如果你無法知道自己向目標前進了多少，就會感到洩氣，最後甩手不幹了。

有一個真實的例子，說明一個人若看不到自己的目標，就會有什麼樣的結果：

一九五二年七月四日清晨，加利福尼亞海岸籠罩在濃霧中。在海岩以西二十一英里的卡塔林納島上，一個三十四歲的女人涉水進入太平洋中，開始向加州海岸游去。要是成功了，她就是第一個游過這個海峽的婦女。這名婦女叫費羅倫絲．查德威克。在此之前，她是從英法兩邊海岸游過英吉利海峽的第一個婦女。

那天早晨，海水凍得她身體發麻，霧很大，她連護送她的船都幾乎看不到。時間一個鐘頭一個鐘頭過去，千千萬萬的人在電視上注視著她。有幾次，鯊魚靠近她，被人開槍嚇跑了。她仍然在游。在以往這類渡海游泳中，她的最大問題不是疲勞，而是刺骨的水溫。

十五個鐘頭之後，她被冰冷的海水凍得渾身發麻。她知道自己不能再游了，就叫人拉她上船。她的母親和教練在另一條船上。他們告訴她海岸很近了，叫她不要放棄。但她朝加州海岸望去，除了濃霧什麼也看不到。

幾十分鐘之後──從她出發算起十五個鐘頭零五十五分鐘之後──人們把她拉上了船。又過了幾個鐘頭，她漸漸覺得暖和多了，這時卻開始感受到失敗的打擊。她不加思索地對記者說：「說實在的，我不是為自己找藉口。如果當時我看見陸地，也許我能堅持下來。」

人們拉她上船的地點，離加州海岸只有半英里！後來她說，真正令她半途而廢的不是疲勞，也不是寒冷，而是因為在濃霧中看不到目標。查德威克小姐一生中就只有這一次沒有堅持到底。兩個月之後，她成功地游過了同一個海峽。她不但是第一位游過卡塔林納海峽的女性，而且比男子的紀錄還快了大約兩個鐘頭。查德威克雖然是個游泳好手，但也需要看見目標才能鼓足幹勁完成她有能力完成的任務。

因此，當你規畫自己的成功計畫時，千萬別低估了可測目標制定的重要性。

如果你不知道你的目標是什麼，你就不可能實現你的目標！如果你沒有自己的計畫，別人就會讓你按照他們的計畫去行事！你不能只關心你身邊的事，你必須經常抬起頭尋找你的目標！

我知道一個小男孩立志成功的故事。

小男孩的父親是位馬術師，他從小就必須跟著父親東奔西跑，一個馬廄接著一個馬廄，一個農場接著一個農場地去訓練馬匹。由於經常四處奔波，男孩的求學過程並不順利。

初中時，有一次老師叫全班同學寫作文，題目是長大後的志願。

那晚他洋洋灑灑寫了七張紙，描述他的偉大志願，那就是想擁有一座屬於自己的牧馬農場，並且仔細畫了一張兩百畝農場的設計圖，上面標有馬廄、跑道等位置，然後在這一大片農場中央，還要建造一棟占地四百平方英尺的巨宅。

他花了好大心血把報告完成，第二天交給老師。兩天後他拿回來，第一面上頭打了一個又紅又大的F，旁邊還寫了一行字：下課後來見我。

腦中充滿幻想的他下課後帶了報告去找老師：「為什麼給我不及格？」

老師回答道：「你年紀輕輕不要老做白日夢。你沒錢也沒家庭背景，什麼都沒有。蓋一座農場可是花錢的大工程，你要花錢買地、買純種馬匹和花錢照顧牠們。」他接著又說：「如果你肯重寫一個比較不離譜的志願，我會打你想要的分數。」

這男孩回家後反覆思考了好幾次，然後徵求父親的意見。父親只是告訴他：「兒子，這是非常重要的決定，你必須自己拿定主意。」

再三考慮幾天後，他決定原稿交回，一個字都不改，他告訴老師：「即使拿個大紅字，我也不願放棄夢想。」

二十多年以後，這位老師帶領他的三十個學生來到那個曾被他指責的男孩的農場露營一星期。離開之前，他對如今已是農場主人的男孩說：「說來有些慚愧。你讀初中時，我曾潑過你冷水。這些年來，也對不少學生說過相同的話。幸虧你有這個毅力堅持自己的目標。」

奧格・曼狄諾說：「一顆種子可以孕育出一大片森林。」

第三節

目標引導我們發揮潛能

一個堅定地向目標邁進的人，整個世界都會為他讓路。沒有目標的人，只能把精力放在小事情上，而小事情使他們忘記了自己本應做的事情。目標達到時，你自己成為什麼樣的人比你得到什麼東西重要得多。

一九八四年日本運動員山田本一參加東京國際馬拉松邀請賽，一舉戰勝各路國際名將，出人意外地奪得第一名。記者們圍過來，都渴望知道他是靠什麼獲得這麼卓越的成績。

山田本一的回答簡短到只有一句話：「用智慧戰勝對手」。參加馬拉松比賽，運動員之間比的是意志和耐力，與智慧到底有什麼關係，讓人如墜霧中。一九八六年又一次國際大賽移師義大利米蘭，山田本一再次代表日本參加比賽，結果又是獨占鰲頭。

面對記者伸過來的麥克風，山田本一回答的還是那句話：「用智慧戰勝對手」。運動員在賽場上，看起來是鬥勇，實際上也是在鬥智。但是在賽場上如何鬥智卻讓人匪夷所思。

山田本一退役以後，他在一部自傳中透露了他的秘訣。

每次參賽之前，我都會乘車把比賽路線仔細看一遍，並將沿途醒目的標誌畫下來，比如說第一個標誌是一家銀行、第二個標誌是一棵大樹、第三個標誌是一個大廣告招牌，就這樣一直畫到終點。比賽開始後我就以短跑的心態奔向第一個目標，跑到第一個目標以後，又以同樣心態奔向第二個目標。

四十二公里的賽程，被我分解成幾十個小目標，就可以比較輕鬆地跑完。一開始我沒有認識到這一點，就把目標定在終點線上，結果跑到十幾公里就已經疲憊不堪了，因為我被前面那段遙遠的路程嚇倒了。

第四節

有目標的人才會快樂、幸福

「制定目標並且努力去實現，就是走在天堂的路上了」。快樂、幸福都是人的主觀感受，它是一個過程而不是一個結果。我們努力實現目標、獲取成功最終極的目的是為了得到快樂和幸福，但是實際上實現目標帶給人的快樂和幸福是短暫和有限的，反而是在達到目標的過程中是最充實快樂的，快樂和幸福在這個過程中已經預支給我們了。

我們可能都有過這樣的體會，想像考上大學以後生活將會多麼幸福，等考上以後就會有「不過如此」之感，倒是回想起為了準備考試廢寢忘食的日子會覺得很快樂而難忘。不少夫妻都很懷念年輕時兩人同甘共苦創業的日子，認為那時是最幸福的。一位偉人還把愛情定義為：「愛情不是兩個人深情的對視，而是朝向同一個目標。」

一個沒有目標的人，即使他擁有很多財富，他也會整天無所事事，這時候憂慮、煩惱、空虛就會像雜草一樣占據他們心靈的花園，使快樂、幸福這些玫瑰無處生長。反之，一個人無論他的處境多麼悲慘，只要心中有目標，不放棄努力且耐心等待，他終將會獲得生命中屬於自己的輝煌。

《刺激一九九五》就是陳述了這麼一個震撼人心的故事：

男主角安迪本來是一個極有前途的年輕人，年紀輕輕已經是銀行的副總裁，有一個幸福的家庭。但是不幸發生了，他發現他深愛的妻子竟然有一個情人，憤怒之際他拿著槍準備殺死他的妻子及其情人。後來他克制住了自己的衝動放下槍離開，但是就在那天晚上，他的妻子及其情人同時被人殺死。安迪被視為頭號嫌疑犯被告上法庭，並被判為終生監禁。

對於任何人來說，這樣的打擊都可謂沉重，在監獄中最初的幾年像地獄一般的可怕，他默默忍受著心靈的折磨和其他罪犯對他的毒打和強暴。

慢慢的他利用智慧和耐力改善了自己的處境：幫監獄的管理者們理財、成為圖書管理員，他的牢房裡被允許掛一張大幅的美人畫和用來刻小石子的刻刀，他為大家放美妙的音樂，為大家爭取到喝啤酒的機會，以及每週寫一封信給基金會要求捐款，在第六年終於如願……

在偶然的機會下，安迪得知了當年命案的真相，殺死他妻子的原來是非法闖入的搶劫犯，然而他仍然無法用合法的方法獲得自由。他對囚友描述他的夢想：在大海邊，擁有一艘船，他要親手把船修理好。

這樣一共過了二十幾年，有一天早晨牢房中的安迪突然不見了，所有的人對他的不翼而飛都百思不得其解。

謎底終於解開了，原來秘密就在牢房牆壁上掛的那張美人畫底下。安迪竟然用二十年的時間憑著一把小刻刀挖出了一條隧道！

當看到安迪爬過三十公尺的陰溝，將手臂伸向空中擁抱自由的時候，我已經被感動得淚流滿面。

影片的結尾是正義戰勝了邪惡，真凶落入法網。影片最後一個畫面是：在大海邊停著一艘船，有一個人在修船，海鷗在他身邊飛來飛去。

第五節

確定目標的方法

目標既然是我們成功的起點，也是衡量是否成功的標準，那麼要如何來設立目標呢？

找一個你覺得特別舒服的地方，暫時脫離平時的事務，關掉電話，盡可能不受外界干擾。拿出紙筆，準備花一個小時去研究你希望去做、去享受、去創造的東西。這將是你有生以來最有價值的一個小時，你將在這一個小時中學習怎麼樣樹立目標，然後勾勒出你所希望的生命之路，你將確定你要去的地方，並且找到到達那裡的途徑。

制定目標的關鍵是對自己的想像不要進行任何限制！你先不要管可不可能，只需要放鬆你的身體與精神，問清楚內心最渴望得到的是什麼，勇敢的把它說出來，這可能正是在日常生活中被壓抑了很久而不敢奢望的東西。這樣做有些難度，人的心理有個自我保護的機制，「得不到的」乾脆就不去想它，以免受到傷害，認為「想了也是白想」。但是如果你突破了這個限制，把你內心真正渴望的東西列為你的目標，在設法實現它的過程中，你就會發現你的內心、大腦，甚至你身上的每一個細胞都會活躍起來，會激發出你所有的潛能，做出令你自己都感到吃驚的成績。

有效目標的主要條件大致上分為兩個：一個是量化，一個是時間限制。

量化有兩個涵意，第一個是指數字具體化，即如果某一個目標能用數字來描述，則一定要寫出精確的數字。比如，你在三個內要實現的收入狀況，就可以量化為一百五十萬元、一百萬元、五十萬元等具體的數字。第二個是指形態指標化，即如果所確定的目標不能直接用某一個數字來描述，則必須進一步分解，將其表現形態全部用數字化指標來補充描述。比如，想買一間房子的目標，應該具體說明：多大面積、幾房幾廳、多少價格、具體位置、房屋朝向、周邊環境要求等。

時間限制是指你所確定的目標，必須有一個明確的期限，可以具體到某年某月。沒有時限的目標，不是一個有效的目標。你可能輕而易舉地為自己找到拖延的藉口，使目標實現之日變得遙遙無期。

制定目標的規則：

第一步，列出你夢想的內容，即你希望擁有什麼？希望做什麼？希望成為什麼？

現在你坐下來，拿出紙和筆，要不停地寫，至少寫十至十五分鐘。你不要考慮該如何達到目標，只是把它寫下來，不加任何限制，盡可能利用縮寫，這樣你就能迅速進行下一個目標。記住，一切都在你的掌握之中，瞭解你的目標是實現目標的首要條件。

我們所經歷的一切結果都始於我們大腦的創造！

因此，應該按照你最希望的樣子創造你的理想生活。

試著想一下你的目標全部實現後你的理想生活：最想和誰生活在一起？你喜歡做什麼？這樣的生活如何開始？你會到哪裡去？你會遇到什麼樣的環境？這樣愜意的日子結束時你會有何感受？用紙把這一切都詳細地記下來。

第二步，把你列出的表重新看一遍，估計一下達到這些目標所需要的時間：六個月、一年、兩年、五年、十年、二十年。

此時需要注意你目標的遠近。

有人發現，他們表中所列的目標都與他們眼前希望的東西有關。另一些人發現，他們最大的夢想離現實很遙遠，因此他們想了一個完全實現其夢想的過程。如果你的全部目標都是短期的，那就要對你的潛力和可能性做長遠考量；如果你的目標都是長期的，那你首先要採取一些步驟，讓自己朝著這個目標的方向走下去。「千里之行，始於足下」，瞭解第一步與瞭解最後一步同等重要。

第三步，把你最感興趣，能給你最大滿足的事情記下來，再把你一定要完成這幾件事的理由寫下來。

理由要寫得簡潔明確，告訴你自己為什麼一定能完成這幾件事，為什麼這幾件事對你來說很重要。如果你能找到足夠的理由，那麼你就能使自己去做任何事。因為比起所追求的事物，我們在做某事的「理由」往往是更強而有力的刺激物。羅賓的第一個能力發展老師吉姆．朗經常告訴他：「只要你有足夠的理由，你就能完成任何事情！」

理由就是有興趣完成某事與有責任完成某事之間的區別。在生活中，我們所希望的事情很多，但我們對它們真正感興趣只有一次，而對要完成的任何事情我們都必須完全負責。比如，你想成為富翁，這只是一個目標，你的大腦並沒有從中獲得更多的資訊。如果你知道你為什麼要成為富翁，致富對你意味著什麼？那麼就會使你更受激勵而朝向這個目標努力邁進。為什麼做比怎麼樣做更加重要，因為，如果找到了充足的理由，你就會去尋找做事情的辦法！

第四步，列出你的主要目標之後，要對它們進行檢驗，使你的目標積極、明確，並且對他人無害。

你的目標是以積極的語言描述的嗎？它們都很具體嗎？它們有明確的步驟嗎？描述一下

你達到目標後將體驗到什麼？你會看到什麼？也要注意目標是否在你的掌握之中，這些目標對你對別人是否都有益？如果你有些地方不適合這些條件，那麼就改變你的目標，以適應這些條件。

第五步，還需要把你已經具備的各種必要條件列出來。

就像你在統籌安排一個工程時，首先必須要知道你有什麼工具。為了編織你未來的美妙夢想，你也必須知道自己具備什麼條件。因此，要把你具有的和將為你所用的東西列出來：才智、經濟能力、教育狀況、時間、精力等等。

第六步，是要把你過去最充分、最熟練地利用這些條件的情況寫下來，找出你一生中最成功的幾件事。

想一想你在求學中、商業上、運動方面，或家庭關係上做得最好的幾件事，也可以是你和孩子們度過的愉快的一天。在寫下這幾次情況時，描述一下你做了些什麼事，你利用的是何種能力和技巧，從而使你獲得了成功。

第七步，寫出會妨礙你達到目的的因素。

要克服你自己製造這些限制因素的方法之一，就是準確地瞭解這些限制因素是什麼？全面分析一下，看看有哪些東西會妨礙你實現目標，是沒有計畫？或是計畫沒有實施？

第八步，將目標分解為具體的行動計畫。

想要使目標得以實現，就必須將目標分解量化為具體的行動計畫，使自己知道現在應該為目標做什麼，讓目標有現實的行動基礎。

要把目標量化分解為具體的行動計畫，一向是採用「逆推法」，即確定大目標的條件，將大目標分解成為一個個小目標，由高級到低級層層分解，再根據時限，從將來逆推到現在，確定自己現在應該做什麼：

即時行動↓更小的目標↓小目標↓大目標

用「逆推法」分解量化目標是一種具體行動計畫的過程，與實現目標的過程正好相反。分解量化大目標的過程是逆時針，從將來倒推到現在。實現目標的過程是順時推進，由現在到將來。這個過程可以這樣進行：

先根據總目標實現的條件，將人生總目標分解為幾個五至十年的長期目標，再根據長期目標的實現條件，將其分解為若干個二至三年的中期目標，再繼續將其分解為若干十六個月至一年的短期目標，進而將每一個短期目標分解成月目標，月目標量化分解為若干個周目標，周目標變成若干個日目標，最後，依次具體化為現在應該去做什麼。

不管什麼目標，也不管它有多大，每一個目標都要分解到你現在應該做什麼，讓你現在的行動與你未來的願望、夢想得以連結，使目標有了現實的行動基礎，否則，你的願望現在就可以斷定不太可能實現。

第六節

目標的管理

你制定人生的目標，這就使你向成功邁進了一大步，接下來要做的也是更為關鍵的就是要對目標進行管理。

一九九五年美國政府的一個研究報告顯示：只有一二%的公司可以真正達到期望的目標，其餘八八%的公司，都在追求目標的過程中出了問題。至於一般人，真正能實行自己的計畫，達成發展期望並獲得成功的，也只有五%左右而已。這個比率實在令人心驚，為什麼絕大多數的公司和個人都失敗了？因為他們對目標缺乏有效的管理。

所以，你要對自己的目標進行有效的管理，把整體目標分解成一個個易記的目標，把你的目標想像成一個金字塔，塔頂就是你的人生目標，你訂的目標和為達到目標而做的每一件事，都必須指向你的人生目標。

金字塔由五層組成，最上的一層是最小、最核心的部分。這一層包含著你的人生總目標。

下面每一層是為實現上一層較大目標而要達到的較小目標：

一天做一件具體的事，一個月做一件新的事，一年做一件大事，一生做一件有意義的事。

目標越具體效果就越好，古人云：「君子每日三省吾身」。你是否經常檢查自己制定的目標？一方面要檢查自己是否實現了預期的目標，另一方面又要用目標不斷地激勵自己。

哈佛大學心理學家威廉．詹姆士研究發現，一個沒有受到激勵的人，僅能發揮其能力的二○%至三○%，而當他受到激勵時，其能力可以發揮到八○%。因而即便是完美的個性，由於缺乏前進的動力，也很難實現致富的目標。創立「心理致富學」的希爾博士揭示了五個自我激勵的賺錢「黃金」步驟：

1．你要在心裡確定你所希望擁有的財富數額。如果籠統地說「我需要很多、很多的錢」是沒有用的，你必須確定你渴望得到的財富的具體數字。

2．實實在在地想好，你願意付出什麼樣的努力和多大的代價去換取你所需要的錢，世界上是沒有不勞而獲的。

3．設定最後的期限，一定要在這個日期之前把你希望得到的錢賺到手，沒有時間表，永遠不會有緊迫感。

4．擬定一個實現理想的可行性計畫並馬上進行，你要習慣「行動」，不能夠只沉溺於「空想」。

5．將以上四點清楚地寫下，不可以單靠記憶，一定要白紙黑字。不妨每天兩次大聲朗誦寫下的計畫內容。

人們都有一種傾向，即一旦實現一個目標，就會有一種失去衝勁的感覺，不再努力，然後坐享其成。現代社會為人的全方位發展提供了更為廣闊的空間，所以一個積極進取的人，不會等到達到一個目標之後再去制定一個新目標，而是在心中隨時充滿目標。完成一個目標，就知道下一個目標是什麼，繼續前進的方向在何處，而不僅僅以第一個目標為目的地。

不斷設立新的目標是一個挑戰自我的過程，也是一個不斷進步的過程。實現目標更是一個漸進的、成長的過程。一個人需要不斷地為自己設立新目標，不斷在新目標的激勵下提升自己。

設立的目標要符合現實，就以賺取金錢的多少為目標來說，一個以往年收入五十萬的人，如果他在新的一年內為自己設立的目標是增加十萬元，達到年收入六十萬元，那麼作為一個階段性目標，這是可行的。如果他前期沒有任何先決條件，就想在新的一年內年收入達到一千萬元，那麼他就不是在談論目標，而是想一夜暴富，那就不是成功的問題了，而是想憑運氣，如買彩券致富。這種可能性太少、太小了，它會害死人的。

所以，人們確立的目標，一般來說有一個遠景目標，即是在內心要有一個總體的、大致的目標。這種遠景目標要分階段來實現。而階段性目標必須是具體的、明確的、可操作的。人不可能期望一下子成為億萬富翁，但是當你實現了一千萬目標的時候，億萬目標就不是空想和幻想了。自信心就是在這種不斷實現階段性目標的基礎上，逐步建立起來的。

最後，建議要勾畫出人生藍圖，它的核心是「我一定要成功」，人生就是不斷地從成功走向更加輝煌的成功。

(1)設定好目標，每個月寫下你的生命計畫。

(2)計畫好每一天，應該在每天晚上做好第二天的安排，並自我檢查當天的計畫實施情況。

(3)持之以恆，不能間斷，即使處在人生的低谷或事業發展不順時也不要間斷。

第四章 時間管理

時間對於我們每一個人都很重要，成功就是時間的累積。經過科學研究人們得到這樣一個結論，掌握任何一項技能如一門外語、跳舞、彈鋼琴，要想達到較好的程度，你需要為它花費三千個小時，要想達到專業水平則需要花一萬個小時。如果你用二十年的時間在一項事業上刻苦鑽研，那麼你就一定會成為這個領域的佼佼者。

拿破崙．希爾指出，善用時間是非常重要的，一天的時間如果不好好規畫一下，就會白白浪費掉而消失得無影無蹤，我們就會一無所成。經驗表明，成功與失敗的界線在於怎樣分配時間，怎樣安排時間，怎樣利用時間。人們往往認為，這幾分鐘，那幾小時，沒什麼用，但是它們的作用其實很大。時間上的這種差別非常微妙，需要經過幾十年才看得出來。

人們不能掌握命運，卻可以規畫時間，管理好自己每一天的行為，而所有這一切累積在一起，就構成了一個人的命運。這樣看來，每個人都是自己命運的編劇、導演和主角，我們有權利把自己的人生之戲編排得波瀾壯闊，也有責任把自己的人生之戲導演得精彩生動，更有義務把自己的人生之戲演繹得高超出眾。我們擁有這偉大的權利——選擇的權力。

我們所要做的就是把精力集中在能獲得最大回報的事情上；別把時間花費在對成功無益的事情上。

第一節

你的時間是怎麼花掉的？

時間管理的一個重要準備任務是「瞭解你的時間是怎麼花掉的」。為什麼要這樣做並不需要解釋，但是它容易被認為「簡單回想一下就可以了」，需要強調它的原因正在於此，對於這個問題，我們的「想像」和「現實」常常有很大的差異，甚至完全不同。

管理大師德魯克曾經描述他所做的研究：他請管理者將自己怎麼樣使用時間的情況寫下來，又請人記錄這些管理者是如何使用時間的。一個公司董事長很確定地告訴研究者，根據他的感覺，他的時間分三個部分，分別用在公司高級管理人員、重要客戶、和社交活動上。實際記錄結果是，他把大部分時間用在調度工作上了：隨時在瞭解他所認識的客戶的訂貨情況，還為他們的訂貨打電話給工廠。一開始他無法相信這些記錄，但在很多次看到類似記錄之後，他相信，「關於時間的使用問題，記錄要比記憶可靠得多。」

記錄你的時間是怎麼花掉的，是時間管理的開始，但它絕不是一次性的任務，在整個時間管理過程中，我們可能需要不斷地重新記錄，以便瞭解最新的時間使用情況，譬如一個月專門挑一天來記錄當天的時間使用情況。按照某些時間管理工具的要求，有的人能夠堅持每天以十五分鐘為間隔記錄時間使用情況，這有它的好處，但是，過於頻繁記錄的時間表也會讓人感到巨大的壓力，帶來負面影響。

第二節 永遠先做最重要的事

在一次時間管理課上，教授在桌子上放了一個玻璃缸。然後又從桌子下面拿出一些鵝卵石。教授把鵝卵石一一放進玻璃缸中，直到放不下為止，然後問學生玻璃缸滿了沒有。學生都回答說滿了。

是這樣嗎？教授又從桌子底下拿出一袋小石子，把小石子倒入玻璃缸裡，晃一晃，又放進去了一些。教授笑著問學生玻璃缸滿了沒有。這回學生不敢回答得太快，「可能沒滿」有的同學回答。

教授又拿出一袋砂子，慢慢晃著倒進去了。「這回呢？」教授又笑著問。「沒有滿！」全班同學這下學乖了，異口同聲地回答。「很好」教授誇獎了這些可教的儒子們。

稱讚完了以後，教授從桌底下拿出一大瓶水，把水倒進看起來已經被鵝卵石、小石子、砂子填滿的玻璃缸。

教授問班上的學生從這件事情上你們悟到了什麼？

一個學生回答：「無論我們怎麼忙，行程排得多滿，如果再擠一下的話，還是可以再做很多事。

「你說的很好」，教授微笑說：「但是我想告訴你們的是另外一個更為重要的事。」說到這裡，教授故意停頓，用眼睛向全班同學掃了一遍說：「我想告訴各位是，如果你不先將大的「鵝卵石」放進玻璃缸裡，你以後可能永遠沒有機會再把它們放進去了。各位有沒有想過，什麼是你生命中的鵝卵石？

人生短暫，能做的事其實真的很有限。要把有限的時間用在對於自己最有意義的重要事情上。

伯利恆鋼鐵公司總裁查理斯．舒瓦普曾會見效率專家艾維．利。見面時，艾維．利說自己能幫助舒瓦普把他的鋼鐵公司管理得更好。舒瓦普說他自己懂得如何管理，但事實上公司不盡如人意。他說：「應該做什麼，我們自己是清楚的。不過，如果你能告訴我們如何能更好地執行計畫，我就聽你的，在合理範圍內價錢由你定。」

艾維．利說可以在十分鐘內給舒瓦普一樣東西，這東西能使他的公司業績提高至少五〇%。然後他遞給舒瓦普一張白紙，說：「在這張紙上寫下你明天要做的最重要的六件事。」

過了一會兒又說：「現在用數字標明每件事情對於你和你的公司的重要次序。」這花了大約五分鐘。

艾維・利說：「現在把這張紙放進口袋。明天早上第一件事情就是把這張紙條拿出來，做第一項。不要看其他的，只看第一項，著手辦第一件事，直到完成為止。然後用同樣方法做第二件事、第三件事……直到你下班為止。如果你只做完第一件事情，那不要緊。你總是做著最重要的事情。」

艾維・利又說：「每一天都要這樣做。你對這種方法的價值深信不疑之後，叫你公司的人也這樣做。這個實驗你愛做多久就做多久，然後寄支票給我，你認為值多少就給我多少。」

整個會面歷時不到半個鐘頭。幾個星期之後，舒瓦普寄給艾維・利一張兩萬五千美元的支票，還有一封信。信上說從錢的觀點看，那是他一生中最有價值的一課。後來有人說，五年之後，這個當年不為人知的小鋼鐵廠一躍成為世界上最大的獨立鋼鐵廠，而其中，艾維・利提出的方法功不可沒。這個方法還為舒瓦普賺到一億美元。

每天都有無數的事情等待著我們去處理，而且有許多事情看起來還顯得非常緊急，比如響個不停的電話，下一個小時的某個會議，給某個客戶的回信等等。我們變得忙忙碌碌的情景看起來是必須而且是可以理解的，但是實際情況並非如此。每個人在一天所做的事情中，至少有八〇％是並不重要的。這是一種很危險的工作方法。

什麼事是必須做的？這是時間管理的第一個關鍵問題。時間管理的錯誤做法基本上都可以歸結為把時間花在那些不是必須做的事情之上。正確的做法則是找出最重要的一件事，然後去做，也就是說「重要的事先做」。

許多時候，迫於壓力，我們常常把緊急的事情放在第一位，雖然我們知道那些「重要但不緊急」的事有著更深遠的影響。剛開始，我們仍然知道要重視事情的重要程度，先做那些「緊急且重要的」，但慢慢地，習慣了這種緊急狀態之後，我們常不由自主地會喜歡上「到處救火」的感覺，轉而去做那些「緊急但不重要的事」了。

真正的高效能人士都明白輕重緩急的道理，他們在處理一年或一個月、一天的事情之前，總是按主次的辦法來安排自己的時間。

一開始時心中就懷有最終目標，能幫助我們很快地確定事情的重要性，它是讓我們永遠走在做正確事情大道上的重要保障。這個「最終目標」會隨時提醒我們，這件事雖然緊急卻並不重要，那件事雖然看起來還可以拖延，但它卻有助於我們向目標更快地邁進。

商業及電腦鉅子羅斯．佩羅說：「凡是優秀的、值得稱道的東西，隨時都處在刀刃上，要不斷努力才能保持刀刃的鋒利。」羅斯認識到，人們確定了事情的重要性之後，不等於事情會自動辦得好。你或許要花很大力氣才能把這些重要的事情做好。始終要把它們擺在第一位，你肯定要費很大的功夫。下面是有助於你做到這一點的三步計畫：

（1）估價：首先你要用目標、需要、回報和滿足感這四項內容對將要做的事情做一個估價。

（2）去除：第二是去除你不必要做的事情，把要做但不一定要你做的事情委託別人去做。

（3）估計：記下你為目標所必須做的事，包括完成任務需要多長時間，誰可以幫助你完成任務等資料。

第三節

越忙越要有計畫

一位商業鉅子的助手有一個非常好的習慣，這也是他一直沒有換掉那位助手的主要原因。那位助手有一本形影不離的工作日記，每天早晨，他都會把前一天寫好的工作計畫再翻看一遍，而在一天的工作結束後，他會對這一天的工作進行總結，同時把隔天的計畫再做好。這是一個多麼好的習慣！

在很多人的心裡都有這樣一個錯誤認知，以為工作計畫只是管理者們應該做的事，自己所做的一些不起眼而又瑣碎的事根本不值得去做一份計畫。不要以為自己的工作不重要就不用做計畫，計畫能讓我們的工作感覺到明顯的進步，雖然有時進步是微乎其微的，有時可能幾天的計畫都是一模一樣，但是許多優秀員工的成功經驗告訴我們，認真地做一份計畫不但不會約束我們，還可以讓我們的工作做得更好。

同許多其他重要的事情一樣，執行計畫並不是一件簡單容易的事情。但是如果你實現了制定的計畫，就一定會成為所在工作領域中的佼佼者。

一、白紙黑字寫下你的計畫

上床以前寫下第二天的工作，根本用不著考驗你的記憶力。記下所有的工作後，你可以睡得安穩一些；否則的話，你的腦子裡可能整晚都想著：「別忘了！別忘了！別忘了！」。

記下工作後，你的腦子才有時間去解決問題，而不只是記住問題。只要你能利用潛意識解決問題，你就會發現它的作用相當驚人。人腦就像是平行的處理器，幕前幕後的工作可以同時進行。一旦你寫了一些東西下來。腦子就會將這些東西轉移至幕後，然後在「不知不覺」中開始解決問題。記下工作就表示你許下了承諾。如果一件事不值得記下來，大概也就不值得做了。

二、計畫表應簡單明瞭

別依賴亂七八糟的紙片記錄、桌上的便利貼，或是黏在冰箱上的字條。這樣會使你的大腦更加混亂。

不論形式如何，都必須能隨時更新內容，並且要放在隨手可及的地方；必要時可以利用便利貼或便條作為額外的提醒媒介。但是要切記：別讓它們變成主要的方法，否則你就犯了大錯了。

如果你將計畫表與約會記錄放在一起，最好能在你的辦公室或電腦中存好一份備份，以防其中一份遺失或失竊。辦公室的那一份應該每天更新，這雖然只是舉手之勞，卻很有幫助。

三、定期檢查計畫表

拿破崙．希爾認為一定要定期檢查計畫表。早上起床後的第一件事就是查看計畫表。如果你確定要做的事都列在計畫表上，而且每天固定檢查計畫表，你就絕不會因為「忘記」而沒有完成任務。

福布斯二世一直在他的書桌上放著一張記錄重要事項的紙，這是他個人管理系統的中心：「每當我覺得進退兩難時，我就會看看這張紙，確定使我動彈不得的事是否真的值得讓我為難。」通常福格斯的紙上大約有二十件事，包括電話、信件，以及他必須口述的一小段專欄文章。他告訴我：「如果你沒有一個固定的記事本記錄你想做的事，事情永遠都無法完成。」

這也是在管理其他事情時，非常有用的技巧。每當你分配工作給部屬時，你應該確定他們會將你所交代的事情記在計畫表上。在之後的會議中，也要請他們帶計畫表來開會，並以此作為報告進度的根據。如此一來，你就可以確信你指派的工作不會被遺漏。

四、在計畫專案旁標示日期與時間

拿破崙．希爾認為時間日記並不全是靈丹妙藥，只有真正下決心完成計畫表上的事，時間日記才能完全發揮作用。而下定決心的最好辦法就是制訂完成計畫表上每項工作的時間。

大多數人的工作日記只是用來記錄會議和約會，拿破崙．希爾則是利用以半小時做劃分的工作日記來規畫工作及約會。如果你只將訪客和會議記錄下來，當你的工作日記上沒有任何記錄時，你會以為一整天都有空接待訪客。其實，這是大錯特錯的。

重要的工作和訪客、會議一樣，都應該全部記錄下來，拿破崙．希爾認為，只有在備忘錄上將工作時間安排好後，才能真正完成這些工作。」

五、製作長期計畫表

許多善用時間的成功人士都會規畫長期計畫表。在一次全國性業務員會議中，有記者問一位首席業務員，他最重要的銷售策略是什麼，他說：「我的每月日程表」——他必須事先知道一個月後有哪些重要的客戶需要拜訪而預做準備，還有些人甚至會預估他們的長期計畫表上每一個計畫需要花多少時間完成，然後再利用這些周計畫、月計畫，甚至年計畫表來製作每日計畫表。

六、節省時間

1．確定某一項任務是否非做不可。

有時我們感覺到某一項任務不重要，於是做起來拖拖拉拉。如果這項任務真的不重要，就把它取消好了，而不是拖延然後又後悔。有效分配時間的重要一環，是把可有可無的任務取消掉。應該從你的日程表中清除亂糟糟的東西。

2．把任務委託給其他人。

有時候，任務是能完成的，但是你不喜歡做。你不願意或許與你的個性或專長有關，如果你把任務委託給一個更適合做、更樂意做的人，你和他都成了贏家。

3．養成好習慣。

一個粗心大意的人經常會出現丟三落四的情況，養成好習慣可以節省很多時間，避免把過多時間花在找東西這樣的瑣事上。

（1）物盡其所，物歸原處

找一個放置眼鏡、筆、鑰匙、約會記錄簿的地方，約束自己每天必須把它們放回原處；合理地安排檔案、書籍、報告，然後確實物歸原處；固定將東西放在衣服的同一個口袋裡，例如，皮夾放在一個口袋，眼鏡則在另一個口袋裡。這樣一點點的紀律不僅可以避免遺失，也表示你不需要花費腦筋去做一些特定的事情，你靠反射動作就可以順手拿出皮夾、眼鏡或是名片。訓練自己不要脫軌，一旦脫軌就利用負面刺激法，做一些使自己痛苦的事情。選擇放置物品的地點應該合理明確，不要選擇一些難以記憶或難以取用的地方。你甚至可以選擇兩個放置的地方，比方說眼鏡放在床頭櫃或書桌上。據說林肯在他的律師事務所裡有一個檔案，標籤上寫的是：「別的地方找不到，找這裡。」

（2）不要藏東西

也許你會藏得太高明以致於自己都忘記藏在哪裡。拿破崙．希爾的母親大半輩子都在為了預防從未出現過的小偷而藏貴重物品，但是找不到的東西實際上就如同丟竊的東西一樣。

（3）借助記性好的朋友

告訴朋友你的檔案、文書夾、書籍等東西放在哪裡，但是不要選擇一個會因為你的毛病而輕視你或生氣的朋友，更不要選擇記性不佳的人。記性不佳加上粗心大意，你們兩個人都會發瘋。

（4）在貴重物品上寫上姓名住址、電話號碼，並且提供獎賞

這一招有時候很管用，假如有人找回你的遺失物，不要吝嗇，要誠心誠意地酬謝他。工作檔應該放在寫好地址的大信封裡，而不是檔案夾中。

（5）利用筆記、提示物

當你在大型停車場停車時，記下所在位置的行列以及樓層，然後將筆記帶著。很多時候，

筆記或一些提示物可以喚起記憶。有時候你並不需要寫下來，可以將提醒的話錄在語音信箱或答錄機上。汽車電話尤其有用，這也可以用來錄下開車時可能會忘記的靈感。

（6）利用最有效的時間解決棘手的工作或者從事創造性思考

在低效率時間範圍內，集中精力翻閱報紙、清洗衣物或者整理郵票。配合精力狀況合理分配工作，你便能在有限的時間內事半功倍。

第四節

不要讓別人浪費你的時間

成功人士會延後與浪費時間的人開會，或是乾脆避免與他們開會。斯坦利馬庫斯有一次說：「我一定會準時，因為我的時間很重要，別人的時間也很重要。如果我發現有人不打算持有同樣的態度，我就會想辦法另找人打交道。」許多行業中的頂尖人物也都遵循這種原則，美樂達公司最優秀的一位業務員說：「真正好的業務員不會讓別人等他們。」遺憾的是，有時候你卻會成為別人的時間人質。你可能是個業務代表，坐在一個買主的接待室裡，而他卻待在辦公室裡，不在乎你轉身離開；假如這個人對你很重要，除了等，你也無計可施。此時，你就可以運用消極的時間管理技巧，例如看書或看你帶來的報告，或是打電話，只要電話不會被接待人員聽到就行了。

如果你需要與權力大於你的人持續往來，也許你可以想辦法與他的接待人員商量。拿破崙，希爾曾經提過他如何處理上述的問題：「有一段時間，我必須與一位電視臺的總經理和一位大學校長共事，他們兩個部門經常不能準時，而且會讓別人等很久。藉著認識他們的執行秘書，我可以事先打電話詢問他們的時間表，將等候時間縮短至最少；有時，如果會面時間延遲太久，他們的秘書就會在確實可以見面之前的幾分鐘打電話給我。」

你可以採取一些積極方法應付這種情形。有一個業務經理說：「我不會讓醫生或牙醫讓我等太久，我會等十五分鐘，然後詢問掛號人員，醫生已經好了嗎？我約的時間是三點鐘，如果他還有別的事，我要重新安排時間，因為我另外有約會——他們通常都會讓我進去。」一個大學的行政人員說，如果她的同事在他們開會時不停地接電話而製造太多干擾，她就會寫一張紙條給他：「我看你很忙，請有空時再叫我。」然後起身離開。

有時候竊取時間的是你的親戚或好友，他們不只是約會遲到，簡直是搶劫你的時間，怎麼辦？你可以跟他們攤開來說，如果問題一再重演，等到下一次你們需要相約時，你可以在你們敲定時間時說：「你想我們可以在四點整碰面嗎？或是更精確的時間，例如準四點十分如何？我正在處理一些事情和計畫，假如做不完，我的麻煩就大了。」假如說不通，試試史奇勒的主意。如果對方準時到達，就積極加深他的印象。所謂加深印象也許只是一些出自內心肯定的話，如：「真感謝你這麼準時到。」通常真誠感謝的效果會比你預期的還好。

應付意外拜訪，最好的辦法是：向他人道歉，說你日程安排得很滿，如果有什麼不便公開講的事情可以另選會面時間，或將時間選在低效率階段。

與電話相比，沒有任何一個裝置更能節省——或更能浪費時間。建議用一些措辭結束聊天，比如「在我們打電話之間……」如果不接那些頻繁的電話，你能節省更多時間。想好以後再打電話。如果涉及的專案多，可以簡單寫下來，依次解決。為了避免在電話裡囉唆，按照記錄次序進行，這樣可以盡可能減少麻煩。

最後一個防範時間大盜的方式是控制會面的地點。如果你在辦公室或家裡，當訪客沒有出現或是遲到時，你還是可以繼續做其他的事情。對於突然造訪的人，因為不知道他們的情況，一位善用時間的主管會在接待室而不是在他的辦公室與他們見面，因為在接待室要中斷談話比在辦公室容易得多。

第五節

懂得說「不」

當有記者問電視脫口秀天王賴瑞．金，什麼是他盡力避免最浪費時間的事，他毫不猶豫地回答：「無聊的午餐……跟不喜歡的人一起。」然後又說：「我發現在生命中得到的越多，不論是職業上或金錢上，你就可以挑選得越挑剔，我現在已經沒有那種非去不可的午餐了。」

時間管理專家會盡量避開浪費時間的會議、約會及社交活動。但是，如果是必須參加的例行性活動，他們也許無法逃避。他們會忍受，盡量想辦法改善，而且只要他們可以不參加就盡可能請人代替。假如朋友請你接手一個計畫，但是你已經負荷過多，或是你對計畫並不感興趣，許多優秀的時間管理專家會有如下的反應：「抱歉，我現在沒有辦法幫你。」

第六節

結束談話的技巧

在錄影現場和錄音間裡，有兩種非常有名用來提醒時間快要結束的手勢：一種是場務用手按順時鐘的方向劃大圈圈，意思是趕快；另一種則是切割喉嚨的手勢，表示「立刻停止，時間已經到了。」

在日常生活中，你經常需要暗示跟你談話的人你有多少時間，有些人一點也不怕的說：「我要走了，再見。」然後就起身離開。沃勒正是這樣的人。有一次拿破崙．希爾必須在假期的前一天見他，沃勒在談話一開始就告訴拿破崙．希爾，他非常忙，但是他會給拿破崙．希爾五分鐘的時間。拿破崙．希爾盡快述說意見，但還是超過了幾秒鐘，當希爾暫停準備說下一句時，沃勒插嘴：「你的五分鐘到了，博士，我敬愛你，但是我得走了，聖誕快樂。」然後，他從椅子上站起來，走向辦公桌，開始埋首在他的檔案裡，會談就結束了。

我們都碰到過必須盡快到其他地方的情況，然而，似乎沒有辦法能從正在進行的談話中脫身，而不會冒犯正在說話的人。同時，當我們在等對方說到一個段落時，五臟六腑都在翻攪。突然結束對話的變通方法是學習利用時間暗示。如此一來，你比較能掌握時間，而且還會得到大部分與你往來的人的尊敬和感激。讓別人知道你的希望是什麼，如果你要讓對方知道你結束談話的時間就是六點三十分，你可以說：「我想我們不可以晚一分鐘離開，因為六點三十分以後交通狀況就差了。」然後，讓他們知道你到時候就會離開。

當你確認一個約會時，你可以利用時間暗示。例如：「嗨，我是湯姆，我今天很忙很忙，我只是要確定看看有沒有什麼問題。」給予「我今天很忙很忙」這樣的暗示，可能非常有效。確認約會的目的是要肯定要見的人確實會來，而且暗示這個人，時間對你很重要。

學習利用一些簡單的暗示，多多少少可以省下幾分鐘。好好應用一些有效的劇本，不但可以減輕你的壓力，還可以加強你的社交技巧與彬彬有禮的形象。以下就是一些最有效的方式。

1．時間限制暗示

有些成功人士控制時間的方式是在會談一開始就說：「我現在先告訴你，我必須在四點鐘的時候打一個很重要的電話。」重點是要一開始就宣布，而不是在三點五十五分時才說。研討會主持人比爾詹森的電話開場白常是這樣：「嗨，艾德，我是比爾，你現在有時間聽我說幾個簡單的問題嗎？」詹森認為這個方法很親切，而且傳達了你不是要聊天的訊息。如果詹森覺得電話講太久了，有時候他會打斷而插入一些打算結束的話，就像：「抱歉！瑪莎，我剛剛注意到時間，還有什麼事情我們沒談到的嗎？」

這種時間限制暗示有三種目的：

- 告訴對方他們對你很重要，你非常想花點時間跟他們在一起，聽聽他們有什麼話要說。
- 提供對方一個界限，他們可以事先知道你給他們多少時間。
- 迫使對方切入主題，而不要浪費時間在不相關的細節上。

2．肢體暗示

你可以開始收文件，好像正準備離開辦公室一樣；還可以在椅子上將身體往前傾，或將檔案放在一起，就像你要離開一樣。最明顯的肢體語言就是站起來。

3．停頓與沈默

持續拉長兩次回答之間的沈默的時間。

4．串通好的提示

有些主管會請他們的助理在一定時間之後進來打擾，助理會輕聲地說下一個約會時間已經到了，或是提醒主管他們必須馬上去參加下一個會議。

5．結語

有些人不知道如何結束談話，他們會說好幾次再見，而且每一次都說得有點困難。結束談話的方式應該快速而且有禮貌，例如：「好了，A先生，我會再跟你聯絡。多謝了。」然後你就可以離開。

在酒會、宴會這種可以自由走動的場合，也許你不希望一直跟一個人說話，怎麼辦？擅長社交的人會誠懇地招呼你，在他們跟你在一起的時間中，他們會集中注意力在你身上。然後，他們會說一些話，像是：「很高興跟你聊天，不過，我必須在其他人離開前跟他們談一談。」另一種說法是：「我最好繞一圈，招呼每個人。」或是：「我們等一下再談好嗎？我必須在其他人離開前跟他們說說話。」然後微笑地離開。

第七節

善用零散的時間

比如說去看醫生時帶一本書，如此一來，你就不必看他們的雜誌或其他無益的東西。不管在什麼地方，每次拿破崙．希爾必須排隊等候時，他總會盡量帶一些東西去看。他非常善用空檔時間，即使在開車時也帶著技術報告和商業雜誌，以便可在等紅燈或塞車時看幾行字。

一位叫安妮索恩的總裁助理也是如此，她在車裡放了一把拆信刀，每次開車時都帶著一疊信件利用等紅燈時看信。安妮說，反正百分之十五都是垃圾信件，而且在她到達辦公室前，信件已經篩選完畢，所以一到辦公室她就把垃圾信件全都丟掉。

不管你多麼有效率，總是會有人讓你等待，而所有的成功人士在這種情況下所做的事是：「我帶本書；我寫東西；我修改報告；我檢查我的郵件、打電話，思考問題。」

第八節

提前一小時起床

俗話說早起的鳥兒有蟲吃，成功人士大都懂得這個道理，他們利用清晨時光慢跑、運動、寫東西、沉思、做計畫，對很多人來說這是個安靜的時刻，是他們做自我反省，給心靈馬達熱身的時候。

拿破崙．希爾說，我寧願只睡五小時，早上五點或五點三十分起床，好把握我的時間；也不願睡得太晚，然後整天被時間控制。

玫琳凱公司中的很多業務員都是有孩子的職業婦女，她們每天例行的工作包括煮早餐、準備午餐及帶孩子上學。面對這些繁瑣的家務事，她們如何做好銷售的工作？玫琳凱說：「每天早上五點是一天的開始。」要趕在太陽升起前爬起來的確需要相當的毅力，但好處頗多。早上沒有干擾，氣氛安祥、寧靜，讓你有一種幸福的感覺，你會覺得必須為了達成目標努力工作，而且任何發生在你身上的好事都是你該得的。瑪麗凱建議她的業務員利用這段安靜、無干擾的時間檢查庫存量、下訂單、寫感謝函，然後計畫整天的工作。

前美國參議員賀曼塔瑪吉是知名人士中訪問時間最早的人之一，他曾經是美國最有權勢、最有名的參議員。他的秘書告訴記者五點以後就可以打電話給他，記者問是早上還是下午，秘書回答說：「早上，參議員很早就開始工作了。」記者沒有那麼大膽，敢在清晨五點就打電話過去。不過他倒是在七點打了電話，當然參議員親自接了電話，而且顯得神清氣爽。記者首先為這麼早打擾他致歉，但是參議員告訴記者，他已經起來好幾個小時了，他說，當他在法學院念書時就已經開始這個習慣，他知道如果他是圖書館的第一個學生，一定可以借到限閱的書籍。

據說，比爾．蓋茲每年會有幾周時間處於完全封閉的狀態，完全脫離日常事務的煩擾，思考一些對公司、技術非常重要的問題。只要意識到有這個需要，我們一定有辦法安排好各種事務，分配出大塊的時間以便完成這些最重要的任務。最後的方法也就是，在某一天把辦公室門關上，拔掉電話，把其他事情都推到一邊，這可能帶來一些小小的麻煩，但與完成任務所做出的貢獻相比微不足道。

第五章 克服人性的弱點

在本章中你可以學到如何克服限制住成功的弱點，愉快地改變或調適你的個性來「肯定自己」。何不就從現在開始排除生活中不必要的苦惱，啟發對我們有用的歡樂、愛心、滿足，這些都是能夠得到的，要不要它們，全看你了。

你的生命掌握在你自己手中，你正在一點一滴地塑造它。你的個性不會一旦定下來就一成不變，不論是羞恥、愧疚、焦慮，還是恐懼，都可以轉變，不論什麼年齡什麼處境之中的人，都有能力控制自己的意見和價值觀。只要打定了主意，任何態度都可以慢慢地改變。

每個人的肩上都站著白天使和黑天使，當外界種種誘惑來臨的時候，黑天使十分善於利用人性的弱點，總是不錯過任何時機隨時冒出來，勸誘我們墮落、自私、意氣用事；白天使則代表著向上的力量，她引領我們積極向上、保持理性，要自制自律、熱愛生活。我們的行為就是兩種力量抗爭的結果，一次次的抗爭結果鑄造了我們人生的軌跡。

只要有心，隨時可以開始，千頭萬緒的感情和問題把你的意識攪亂，但是，你所乞求的光亮會閃現在你的眼前，及時抓住它，使它滋長，賦予它力量，你就創造了自我。這是你做得到的，也只有你做得到。

真正的強者從不掩飾懦弱的自我，而弱者則過分膨脹自我意識，無論在生活上還是事業上，都應放鬆心情，培養積極的生命力，使之以自然的姿態向外伸展。

人們的煩惱，多數是因為將能力與困難相比後，能力顯得太弱而形成的沮喪，懶惰也往往是一種逃避。我們總是盡力使每一件事盡善盡美，因為我們希望活得更像心目中的自己。但是在實際狀況與自我期望之間總是有一段距離，這距離就是引起壓力的根源。

鮑爾吉在《耐心或烏鴉嘴裡的石子》中談到，其實我們每一個人都不缺少能力，能力如同使麥子生長的陽光一樣，以不顯著的方式支援著生長。它是緩慢的，而任何明顯的力量，譬如海浪和颶風，都不會形成一種生命的成長。

成長必須是緩慢的，但緩慢不同於停滯，雖然有時兩者很像，即使如此，它也不應該成為懷疑自己能力的理由。

所以，忍耐或者說等待是驅逐煩惱的風，是和能力對稱的另一隻船槳。在這一點上，日夜生長著的農作物，由開花到結果的樹木，都是我們的啟蒙者。

那麼困難是什麼呢？是使理想變得鋒利的磨石，是促使沉睡者大叫而醒的惡夢，是過河時不得不從身後搬到前面的石頭。

困難還有一種特性，它像麻雀一樣密集地落在前方所有的枝頭上。使人灰心的原因之一，就在於我們目睹的麻雀太多。換句話說，我們的理性誤導了自己，一下子瞭解了太多的困難。

買車的困難是沒有錢，上班的困難是上司的臉色難看，結婚的困難是缺少房子……這樣的困難可以永遠羅列下去。即使在成功者那裡，困難也是一堆：貸款、利息、時間，睡眠等等。

當一個人把所有的困難依次想一遍的時候，生活裡的陽光也就黯淡了。

事實上，困難只有一個。

我們要克服的困難只有一件需要馬上去做的事，它可能僅僅是：

——修一下自行車

——把下午要用的文案寫好；

——去開一個會；

——回一封信；

——慢跑二十分鐘；

——向你冒犯過的人道歉等等。

它只是一件事，甚至說不上是困難，而成功就像烏鴉啄石子丟入瓶裡的水一樣，慢慢升起來。

因此，直視困難使它在特定時間內變小，把心放在忍耐使生長的力量變大，自然就鬆開了捆綁心靈的枷鎖。

第一節

意志為何不能隨意支配我們的情緒、情感以至行為？

這得先從大腦的構造說起，日本學者松田育一在《驅散焦躁和煩惱》中對人的大腦構造做過非常獨特的解釋：

首先需知道在人的腦子裡同時存在著三種腦，分別為鱷魚腦、馬腦，還有便是人腦。所謂鱷魚腦，就是大家所知道的爬行動物的腦子；馬腦即是哺乳動物的腦子；人腦是由動物腦子經過億萬年演化而來的，鱷魚腦和馬腦在人腦中還保留著。從人腦的構造分布來看，鱷魚腦（腦幹）在最底層；上面的是更加進化的哺乳動物的馬腦；最後人腦居於馬腦之上。

鱷魚腦、馬腦稱為舊皮質；人腦稱為大腦新皮質。

前者雖說是動物的腦子，但也不能等閒視之。人賴以生存的功能幾乎都由鱷魚腦和馬腦來控制。從呼吸到維持心臟跳動、保持體溫、消化食物等這些所謂的自律神經作用，均由鱷魚腦承擔。還有睡眠、排泄、自我防衛本能等之類動物生存所必備的基本功能也都是由鱷魚腦予以控制。

居於鱷魚腦之上的馬腦其作用是賦予動物情感。對動物而言，所謂感情是指對周圍的情況作出判斷，然後採取有利於生存所需的恰當行動的一種效率極高的雷達。

比如，對面有敵人。馬腦必須在瞬間作出判斷：目前這個敵人是可怕還是並非如此？是應逃之夭夭呢？還是與對方決一雌雄？倘若這些判斷借助於建立在理性基礎上的電腦來完成，那就太複雜了。首先，電腦須測量對方與自己之間的距離，比較一下對方與自己的奔跑速度，然後再比較牙和爪這兩種究竟哪個更好——還未等以上程式全部完成，自己早被對方吃掉了。

馬是哺乳動物，牠們是以群居的方式生活與養育後代、規避天敵，這是經過長期自然選擇的結果。為了生存，哺乳動物彼此結成夥伴，要互助合作自然需要同伴意識、母愛等這些情感，自然而然地便會產生使夥伴之間親近交融的感情。也就是說，產生渴望在團體中生活的感情；一旦脫離團體便會感到不安起來。這種感情也是為了統領夥伴而從動物時代繼承下來的。這也有賴於馬腦發揮作用。

堂堂正正地居於鱷魚腦、馬腦之上，或者說包圍在它們四周的是大腦，即人的腦子。這裡被稱為理性、智慧之座。諸如思考、計畫、創造等之類，人所特有的功能，都是透過大腦來實現的。

在人類社會中，人已經不能憑藉感情行事了，唯有理性才會受到歡迎、稱讚；若毫不掩飾地流露出自己的感情，則被認為是不禮貌的、粗野的表現。因而，無論公司也好，家庭也罷，在我們的周圍總是聽到這樣的話——你要冷靜、理智、合理、抑制自我。

其實，人原本就是動物。倘若過於壓抑自己的感情，那麼支配感情的腦子就會感到苦悶。那些不為我們所知的意識（按照弗洛伊德所提的）就會起來反抗，導致做出不理智的行為。

有時候在我們做事情的關鍵時刻，潛意識會發揮重要的作用。在美國影集《六人行》中有這樣一個情節：男主角羅斯喜歡女主角瑞秋十年，終於感動了瑞秋兩人開始戀愛，又因為誤會而分手，但彼此心中仍愛著對方。後來羅斯要與英國女孩艾米莉在倫敦結婚，其實他並不快樂，只是自己並沒有意識到。在最後時刻，瑞秋鼓足勇氣飛到倫敦去告訴羅斯她還愛著他，但是她在教堂還是說不出口，就坐在觀禮席上痛苦地看著他們舉行儀式。

當牧師讓羅斯跟著自己複誦：「我，羅斯願意娶艾米莉為妻」時，羅斯說：「我，羅斯願意娶瑞秋為妻。」全場都愣住了，新娘更是氣憤不已，無論羅斯怎樣解釋自己是一時口誤，並不代表什麼，艾米莉還是離開了他。最後當然還是有情人終成眷屬，這就是潛意識在關鍵時刻發揮作用的例子。

第二節

傳統的激勵方式真的有效嗎？

弗洛伊德說：「一個人在成為他媽媽最受寵的孩子後，他終其一生都將會保持一種征服者的感覺，這種成功的自信往往帶來真正的成功。」

從小父母就會對我們說我們是最聰明、最漂亮的孩子。曾經有一個階段我們自己也是這麼認為。但是當我們屢受挫折，自信心所剩無幾時，父母對我們說：「你是最棒的」。這時我們知道這只是因為他們愛我們，但並不會真的鼓舞起信心，反而還會產生一種焦慮。

我們可能還有過這樣的體會，去參加培訓課程，被那裡的氣氛感染得熱血沸騰，覺得自己信心百倍，決心要去做一番大事業，然而回去沒有多久，信心便像洩了氣的皮球一樣所剩無幾了。

據說日本人上班之前都要對著鏡子大喊「我是最棒的！」於是一天的工作都會在自信中渡過。難道真是這樣的嗎？我們的潛意識這時會小聲的說：「這不是真的，我在騙自己」。

在這個世界上最瞭解自己的人還是自己，因此最難欺騙的也是自己。這種自我認識要拿到社會上去檢驗，並根據反饋再進行修正。經過反覆的認識，人們對自己的弱點瞭解得清清楚楚，並且還往往將其放大，這就是自卑的來源。這種瞭解多半僅僅處於潛意識的層面，不被人所重視。有時在旁人看來輕而易舉的事情，自己卻覺得是不可逾越的鴻溝，所以說最大的敵人不是別人而是自己。

人的自信來自於以往的經驗，「我是最棒的」這個訊息應該是在求學、工作，乃至於社交過程當中，從其他人的反饋中得來的。如果從中得到的資訊與父母所說的以及自己認為的相反，那麼這樣的激勵就不會引發真正的自信。

大多數的人都在傳遞著一種表面上是令人振奮，實際上卻令人煩惱的資訊：你有無限的可能性和一定的機遇，你可以獲得任何你想要的東西。這個資訊有一些錯誤的東西。這種激勵方法缺乏心理學的依據，是沒有個性的激勵。

沒有個性的鼓勵其主要缺點之一，是它剝奪了一個人去瞭解為什麼有人覺得他應該受到稱讚的權利。而且，當沒有清晰的實施措施時，反饋的資訊如「你是最棒的」就會引起令人焦慮的問題，而不是像弗洛伊德所說的那種可以引發真正成功的自信。

至少那個被稱之為「你是最棒的」的人，會想知道對方是如何知道這一點的。比如，夢想成為世界拳擊手的孩子想知道，你判斷他潛力的標準是否公正，而不僅僅是因為你愛他。

所以每個人在受到傳統的激勵時都會採取措施，除非他能確定評估者的動機：是對方告訴我這麼做，所以我就應該盡力實現他們的夢想，還是對方真心地對我抱有期望？

如果「你是最棒的」這種激勵方式讓一個人承受無法忍受的壓力時，那麼它便是一個壞消息。實際上，這些指示會導致精疲力竭症候群。

威廉·詹姆士創造了一個簡單的公式，以說明不明確的高度期望是如何損害自尊心。詹姆斯的公式（他用抱負替代我們所指的期望）如下：自尊心等於成功除以抱負。

這個公式闡明了透過降低期望值可以增強自尊心。用詹姆士的話說，「放棄自己的抱負就像減輕負擔一樣，要使它們得到滿足」。不幸的是，你無法放棄抱負（期望），因為它們永遠伴隨著你。

根據甘迺迪家族的傳記，羅絲·甘迺迪（Rose Kennedy）在每一個猶太人儀式、她孫子的授獎典禮日和畢業典禮日常常引用《路加福音》中的一段話：「對任何一個人而言，想得到多少就必須要付出多少。」

甘迺迪總統被暗殺後，他的兄弟羅伯特繼承了甘迺迪家族的領導才能，並更新了聖路加的格言：「美國對待甘迺迪家族非常好，我們所有的人都應該感激這個國家。」然而這種傳統的激勵方式是否能影響那些聆聽的青春期青少年？在我看來，是沒有辦法的。其主要原因是：

第一點：「對任何一個人而言，想得到多少……」這句話陳述了心理的不滿足感，這種不滿足感曾經使我在哥倫比亞大學遇到一個模特兒發瘋。當你既不用努力奮鬥去追求，也不需要求而得到一些東西時，你得到的不是心理上的獎賞。

羅絲的丈夫約瑟夫・甘迺迪有足夠的自尊來應付聖路加的格言，因為他經歷了獲取財富的過程。他的子孫沒有經歷這樣的過程。子孫們的成功期望是在子孫不在場的情況下產生的。

第二點：「你必須付出多少」或「你應該感激這個國家」。你的祖先把你帶到這個世界並為你留下了大量的財富，你如何感謝他們？當然，要全力以赴地奮鬥。

甘迺迪家族的每一個人要在世界上留下影響的壓力，一定要比那些沒有在類似王室陰影下成長的孩子要大得多。當你是一名甘迺迪家族的子孫時，惱人的問題是「我要怎麼做才能履行我的職責」。答案常常是「你不能」，這樣將會導致精疲力竭症候群產生。

當然，如果我們因此而斷言聖路加的格言對甘迺迪家族有著負面的影響，這是不公平的。畢竟許多人都完成了羅絲和羅伯特指示的任務，但是其他人也由於魯莽的行為而過早地失敗了。

所以傳統的激勵方式，如果是偏向沒有個性的鼓勵，是無法引發真正能成功的自信。唯有讓受讚美者瞭解為什麼受到稱讚才能真的鼓舞起他的信心，進而勇敢地去克服弱點。

第三節

克服懶惰、焦慮和自卑的方法

球王比利享譽全世界，他原本在家鄉的足球隊表現出色，後來被「相中」，入選巴西最有名的桑托斯足球隊。當得知這一個消息時，由於害怕被那些著名球星嘲笑，他竟然緊張得一夜未眠。當真正和那些自己敬慕的球員在一起練球時，他更嚇得幾乎癱瘓。然而，當他一旦邁開雙腿便不顧一切地在場上奔跑起來時，他便漸漸忘了是跟誰在踢球，甚至連自己的存在也忘了，他彷彿又在故鄉的球場上充滿自信、瀟灑自如……

球賽一結束，比利發覺：那些使他深感畏懼的足球明星們，其實並沒有一個人輕視他，而且對他相當友善和尊敬。

為何這樣一個本應有著最大自信的超級球星，在當時偏偏成了一個自卑的膽小鬼呢？這是因為人人都有自卑感，只是程度不同而已。

一、在你最擅長的方面發揮才幹

無論誰都會熱衷於自己所喜愛的工作。喜歡釣魚的人，不管平時怎麼愛睡懶覺，到去釣魚的那天早上，就會早早地爬起來。喜歡登山的人即便嚴寒時期也不畏懼，依然勇於攀登。

有一個關於成功的寓言故事，一直在各個公司的員工之間廣泛流傳。它取自於一個名為《飛向成功》的暢銷書，作者之一便是唐納德·克里夫頓博士。

這個寓言故事講的是，為了和人類一樣聰明，森林裡的動物們開辦了一所學校。開學典禮的第一天，來了許多動物，有小雞、小鴨、小鳥，還有小兔、小山羊、小松鼠。而學校為牠們開設了五門課程，唱歌、跳舞、跑步、爬山和游泳。當老師宣布，今天上跑步課時，小兔子興奮地一下子從體育場跑了一圈，並自豪地說：我能做好我天生就喜歡做的事！而再看看其他小動物，有噘著嘴的，有搭著臉的。放學後，小兔子回到家對媽媽說，這個學校真棒！我太喜歡了。第二天一大早，小兔子蹦蹦跳跳來到學校。老師宣布，今天上游泳課，小鴨子興奮地一下子跳進了水裡。天生害怕水，不會游泳的小兔子傻了眼，其他小動物更沒轍。接下來，第三天是歌唱課，第四天是爬山課……之後發生的情況，便可以猜到了，學校裡的每一天課程，小動物們總有喜歡的和不喜歡的。

唐納德·克里夫頓博士說，這個寓言故事寓意深遠，它詮釋了一個通俗的哲理，那就是「不能讓豬去唱歌，讓兔子學游泳」。要成功，小兔子就應跑步，小鴨子就該游泳，小松鼠就得爬樹。成功心理學的理論告訴我們，判斷一個人是不是成功，主要是看他是否能盡可能地發揮了自己的長處。

一位思想家說過：「如果你能真正做好一枚別針，那應該比你製造出粗陋的蒸汽機賺到的錢更多。」

一個人無論從事何種職業，都應該盡自己的最大努力發揮出所有的優勢，求取不斷的進步。這不僅是工作的原則，也是人生的原則。如果覺得自己一無是處，毫無特長可言，沒有了理想，失去了方向，生命就會變得毫無意義。

一位先哲說過：「如果有事情必須去做，便全心投入去做吧！」另一位明哲則道：「不論你手邊有何工作，都要盡心盡力地去做！」無論你身居何處，即使在貧窮困苦的環境中，如果能以全部精力投入熱愛的工作中，最後就會獲得經濟自由。那些在人生中取得成就的人，一定是在某一特定領域裡做過堅持不懈的努力。

二、努力越多，就會越有自信

做一件事你對它花費的時間和精力越多，你就會對它越有把握。易經中有一卦為豫卦，講的就是這個道理：「凡事豫則立，不豫則廢。」豫就是準備，這句話的意思是說：「所有的事只要做了充分的準備就會成功，沒有準備就會失敗。」

初中時我們都讀過賣油翁的故事。說的是一個人射箭射得很準，他就不免有些得意。一個賣油翁見了就不服氣說這沒什麼，「唯手熟爾」只不過是熟練罷了。於是他表演絕活給眾人看：他在打油的葫蘆上放了一枚銅錢，他把油倒入葫蘆裡，錢幣的孔沒有沾上一點油。圍觀的人讚歎不已。賣油翁謙虛地說：「無他，唯手熟爾」。這個小故事道出了做事成功的秘訣。

一個大學聯考的榜首曾說：「我也是非常容易緊張的人，為了避免在考場上緊張、失常，我無數次地默想考場上的情形，從進入考場、發考卷，一直到交卷出場。想像得如此逼真，以至於緊張得心砰砰跳。但是這樣的情形一次一次的減弱。當我真的走進考場時，就不覺得那麼緊張了。」

甘迺迪總統每次在公開演講前，都要把自己關好幾天背演講稿。很多人都害怕在公眾面前發表演講，主要原因還是準備不充分，不知道自己要講什麼，再加上沒有經驗，突然面對很多人就會更加緊張，語無倫次。有過這樣失敗的經歷，就更加容易懼怕演講了。我就是一個不敢在人前講話的人，從來沒有做過主角，去年有個偶然的機會在飯店設宴席款待眾親友，席間不免要致謝辭，這可為難了我，提前幾天我就感到緊張。沒有別的辦法，我只好預先把要說的話寫在紙上，然後背熟。我反覆對著鏡子練習，使我的表情自然，並且我想像著當時的情形，連站立的位置、方向這些細節也考慮到了。這樣當我走上臺時，我覺得準備得很充分了。那天我表現得很有自信，發言的效果不錯，更重要的是我有了這樣一個經驗。

沒有人能只依靠天分成功。上帝給予了天分，勤奮將天分變為天才。

曾國藩是中國歷史上最有影響力的人物之一，然而他小時候的天賦卻不高。有一天在家讀書，一篇文章不知重覆多少遍了還在朗讀，因為他還沒有背下來。這時候他家來了一個賊，潛伏在他的屋簷下，希望等讀書人睡覺之後撈點好處。可是就是不見他睡覺，還一再地讀那篇文章。賊人大怒，跳出來說，「這種水準讀什麼書？」然後將那文章背誦一遍揚長而去！賊人是很聰明，至少比曾先生要聰明，但是他只能成為賊，而曾先生卻成為歷史名人。

「勤能補拙是良訓，一分辛苦一分才。」那賊的記憶力真好，聽過幾遍的文章都能背下來，而且很勇敢，見別人不睡覺居然還跳出來「大怒」，教訓曾先生之後，還要背書才揚長而去。但是遺憾的是，他名不見經傳，曾先生後來用了一大批人才，照理說這位賊人與曾先生有一面之交，大可去施展長才，可惜他的天賦沒有加上勤奮，變得不知所終。

偉大的成功和辛勤的工作是成正比的，有一分耕耘就有一分收穫，日積月累，從少到多，就可以創造出奇蹟。

三、行動可以戰勝恐懼

克萊門特．斯通曾說：「理智無法支配情緒，相反地，行動才能改變情緒。」選定你最擅長、最樂意投入的事，然後全力以赴付諸行動！

實現你的夢想應該從現在開始。莎士比亞說過：「行動最有說服力」，你今天以最有說服力的行動開始，明天就能獲得更有說服力的結果。」

激勵大師安東尼．羅賓說：「因為我恐懼，所以我必須立刻行動。」

每一個推銷員都知道，挨家挨戶推銷時心理壓力很大，不斷遭到拒絕又要不斷鼓起勇氣。尤其困難的是開始進行第一次的推銷，即使最優秀的推銷員也不例外。一般人的做法是盡量拖延出去的時間，在客戶附近多徘徊一下或是做其他事情做短暫的逃避。

進行推銷工作的唯一正確方法就是立即開始推銷。不要猶豫不決、拖拖拉拉。應該這麼做：拿著你的推銷樣品直接走到客戶門口按門鈴，微笑著問好，並開始推銷。這些都必須像條件反射一樣自動進行，根本用不著多想。這樣你的工作很快就可以進入正常狀態，在第二次或第三次拜訪時就可以駕輕就熟，你的業績也會很好。

現在職場上的工作節奏越來越快、壓力也越來越大，不少人對上班提不起興致，甚至還多少懷有一種莫名的恐懼感，那一定是沒有在工作中得到樂趣。俄國女皇葉卡捷琳娜二世說每天早晨醒來的時候，想到有那麼多自己喜歡的工作要做就心情愉快的起床。我們也有這樣的經驗，如果今天有什麼好事在等待著我們，我們就會「一躍而起」。正所謂「人逢喜事精神爽，滿懷煩愁盹睡多」。如果不願起床、不想去工作這樣的狀況持續一定的時間，那就是你的潛意識在提示你要對現在的工作狀態進行一下反思了。

如果單純只是有睡懶覺的習慣，那就比較容易克服。有一位幽默大師曾說：「每天最大的困難是離開溫暖的被窩走到冰冷的房間。」他說的沒錯，當你躺在床上認為起床是一件不愉快的事時，它就真的變成一件困難的事了。即使這麼簡單的起床動作，也就是把棉被掀開，同時把腳伸到地上的自動反應，都可以擊退你的恐懼。

行動使你拋棄習以為常的想法，例如你畏懼與生人談話，但強迫自己經常與他們交談，那麼你的種種擔心，諸如他們可能恨你、傷害你或給你帶來災禍等，都將難以存在，你還將駁倒自己原有的許多荒謬想法。

那些大有作為的人物都不會等到精神好時才去做事，而是推動自己去做事。

我們可以用「自動反應」去完成簡單而煩人的公私雜務。不要想它煩人的一面，什麼都不想就直接投入，一眨眼就完成了。家庭主婦們都不喜歡洗碗。如果躺在沙發上盯著一大堆髒盤子煩惱那就太不值得了，因為遲早還是要自己動手做。而且這種「只想不做」還會引發新的苦惱，你會思考一生要洗多少盤子這類大而無當的問題而徒增煩惱。

事實上最好的做法是在離開飯桌時便帶著空盤子，在根本沒想到洗碗這個工作時，就開始洗碗，幾分鐘就可以洗好。

今天就開始練習找一件最討厭的工作，在還沒想到它的討厭之處前就趕快做，把騰出來的時間用來做喜歡做的事。

卡內基・克里蒙・史東是美國「聯合保險公司」的董事長，美國最大的商業鉅子之一，被稱為「保險業怪才」。

史東幼年喪父，靠母親替人縫衣服維持生活，為補貼家用，他很小就出去販賣報紙了。有一次他走進一家餐館叫賣報紙被趕了出來。他趁餐館老闆沒注意時，又溜進去賣報。生氣的餐館老闆一腳把他踢了出去，可是史東只是揉了揉屁股，手裡拿著更多的報紙，又一次溜進餐館。那些客人見到他這種勇氣，終於勸主人不要再攆他，並紛紛買他的報紙看。史東的屁股被踢痛了，但是他的口袋裡卻裝滿了錢。

勇敢地面對困難，不達目地絕不甘休——史東就是這樣的孩子，後來也仍是那種人。

史東還在上中學的時候，就開始試著去推銷保險了。他來到一棟大樓前，當年販賣報紙時的情況又出現在他眼前，他一邊發抖，一邊安慰自己「如果你做了，沒有損失，而且可能有大的收穫，那就下手去做。」還有「馬上就做！」

他走進大樓，如果他被踢出來，他準備像當年賣報紙被踢出餐館一樣，再試著進去。他沒有被踢出來。每一間辦公室，他都去了。他的腦海裡一直想著：「馬上就做！」每一次走出一間辦公室而沒有收穫的話，他就擔心到下一個辦公室會碰到釘子。不過，他毫不遲疑地強迫自己走進下一個辦公室。他找到一項秘訣，就是立刻衝進下一個辦公室，這樣就沒有時間感到害怕而放棄。

那天，有兩個人跟他買了保險。就推銷數量來說，他是失敗的，但在瞭解他自己和推銷術方面，他有了極大的收穫。

第二天，他賣出了四份保險。第三天，六份。他的事業就此展開。

二十歲的時候，史東自己設立了只有他一個人的保險經紀公司，開業的第一天，他就在繁華的大街上賣出了五十四份保險。有一天，他有個令人幾乎不敢相信的紀錄，一百二十二件。以一天八小時計算，每四分鐘就成交一件。

一九三八年底，克里蒙．史東成了一名擁有資產超過百萬的富翁。

他說自己成功的秘訣是因為有「肯定的人生觀」。他還說：如果你以堅定、樂觀的態度面對艱苦，你反而能從其中找到好處。

四、好孩子是被誇出來的

有一位心理學家做過一項實驗，他將學生分為三組，對第一組的學生不斷給予鼓勵，對第二組的學生漠不關心，對第三組的學生一味加以批評。實驗的結果顯示，總是受到鼓勵的第一組學生進步最快，不聞不問的的第二組學生幾乎都在原地踏步。動輒挨罵的第三組學生產生了分化，只有很小的一部分有進步，而大部分還是退步，並對學習產生了厭倦心理。

哈佛大學羅森塔爾教授也做過類似的實驗，很具有說服力。羅森塔爾將小白鼠隨機的分為三組，分配給三組實驗人員，讓他們訓練小白鼠走迷宮。

羅森塔爾教授告訴第一組實驗人員：「這組小白鼠的智商最高，訓練結果一定會最出色。」他又對第二組實驗人員說：「這組小白鼠智商一般，不是很聰明，但是也不是很笨。牠們可以走出迷宮，不過得費一些周折，所以對牠們的期望不用太高。」最後羅森塔爾教授告訴第三組實驗人員：「你們這一組的小白鼠智商都很低，很難訓練成功。如果牠們真能走出迷宮的話，那也純屬偶然。」

在同等的實驗條件下，經過六周的實驗，實驗結果顯示，第一組的白鼠成績最理想，在實驗規定的時間內全部走出了迷宮；第二組表現一般，只有幾隻走出迷宮；第三組則顯得呆頭呆腦，全無章法，在實驗規定的時間內沒有一隻走出迷宮。

這一個原理已經普遍被應用在教育孩子和改善婚姻關係上。

別人的表揚很重要，但是自己對自己的肯定和表揚則更為重要，因為人總是最瞭解自己，永遠支持自己的。壓抑的人，沉湎於自我批評的分析中，不管做了如何簡單的行動，事後他會對自己說：「我要是那麼做就好了，我真是愚蠢。」當鼓足了勇氣要說話的時候，他又馬上對自己說：「也許我不應該那樣說，也許別人會以不好的方面來分析那句話。」不要過分批評自己，刻意的自我批評、自我分析與反省確實是有用的，但是每年一次就夠了。隨時有後知之明或空想過去是沒有用的。所以，注意你的自我批評，現在馬上戒除過分的自省。

五、利用做給別人看的積極心態

我有一個朋友，他在分析自己從小到大課業成績一直很優秀的原因時說：「每當我第一個找到答案時，環顧周圍我就會有種『捨我其誰』的成就感」。這種感覺就像興奮劑一樣，使我念起書來一點也不覺得疲倦。我的另一個朋友可謂考試高手，從小到大一路過關斬將通過各類考試。一見到難度極大、通過率極低的考試她就很興奮，並且摩拳擦掌、躍躍欲試。她說：「我一定會考過，因為我虛榮啊！」

這兩個朋友都是在不知不覺中應用了「做給別人看」的積極心態，這樣做的時候，精神會完全集中在體會成功以後被人羨慕的滿足感當中，而無暇顧慮其他，就連勞累也感覺不到了。

為什麼讓人羨慕會對我們產生如此大的動力？按心理學家馬斯洛的理論，人最高層次的心理需要就是受到別人的尊重。我們的種種言行，各種努力的行為其主要原因就是為了獲得別人的承認和尊重。這在小孩子身上，因為未加以修飾而表現得更加明顯。比如說小孩子都很喜歡「逞能」：朋友的三歲小孩感冒了，她的父母無論怎樣哄騙她也不肯吃藥，她嫌藥太苦了。我就對她說：「這藥太苦了，我都不敢喝，妳也不敢吧？」聽我這麼說她就拿起藥瓶一口把藥喝光，然後驕傲地舉起空藥瓶讓我看。我連忙誇她：「妳真勇敢，好棒啊！」，幼稚園的老師便是利用這樣的心理以遊戲、比賽的方式鼓勵小朋友學會穿衣服、吃飯、當眾表演等等，並且要不斷誇獎他們。

成人的內心其實和小孩沒有多大的差別，渴望成功的源動力就是要得到別人的尊重。還有非常極端的反面例子：一個美國人連續殺害了十幾個人，在審判時問他為什麼這麼做？他說只是因為想要全世界都認識他。

既然「做給別人看」具有這麼大的作用，我們就要利用它幫助我們成功。比如說，我想養成每天抽出一小時學習英語的習慣，並且決定把這個好習慣保持終生。但是這真的很不容易：春天鳥語花香，是戀愛的好季節，夏天人變得懶懶的，整天昏昏欲睡，更不用說還會有忙碌的工作和繁忙的家事了。這時候我就用了「做給別人看」的心理，在看書的時候我想著，別人現在都在虛度光陰，只有我在進步，於是產生了自豪感。同理，如果你在清晨慢跑，你會產生一種面對全人類的優越感。在這種感覺的支配下早晨起床就不再是痛苦的事，也就比較容易改掉睡懶覺的壞習慣了。

第四節

積極面對生活

莎士比亞說：「事無善惡，思想使然。」事情本身無所謂好壞，就看你怎樣看。同樣一件事，用不同的角度來看就會得到不同的結論。

相信大家可能都有這樣的經歷，我們去參加一場球賽，如果你是一個球員，極其渴望本隊獲得勝利，那你就會早早來到賽場做好各種準備，比賽開始後會把握每一次進球的機會，這時你會忘記了疲勞和緊張。當終場哨聲響起的時候你會奇怪時間怎麼會過得如此之快。相反的，如果你對球賽不感興趣，是被人強迫參加的，那麼你在賽場上就不會積極爭取進球的機會，甚至會擔心球會靠近自己。你會覺得時間漫長難耐，當哨聲終於響起時，可以想像比賽的結果當然也不會好。導致這兩種不同情形的原因就在於前者運用的是積極的心態，而後者為消極的心態。

現今社會競爭無所不在，幾乎每個人心中多少都會感到壓力和恐懼，我們無法也無處逃避。我們能夠選擇的只有我們的態度是扮演被動的挨打者，還是做積極的進攻者並取得勝利。

一位偉人也說：「要不就是你去駕馭生命，要不就是生命駕馭你。你的心態決定誰是坐騎，誰是騎師。」

很多人都認為自己是生活中某一領域的失敗者，他們步入社會後經常提及這類問題，也經常討論一些問題，如「你為什麼要不斷地調整心態？」，「你為什麼沒有獲得你打算要獲得的成功？」，「你認為自己最大的長處是什麼？」等等。

他們所說的故事，所給的理由當然都是一些關於自己失敗的原因和悲劇性的故事，如「我未曾真正有過一個奔向美好前程的機會。」，「你知道，我的父親是個酒鬼，我是在貧民窟中長大的，在你的社會結構中絕對領會不到那種生活」，「我只受過小學教育」，「我的機遇不好」等等。

事實上，這些人都在表明：世界給了他們不公平的待遇。他們是在責備他們身外的世界和境況，責備他們的生活環境。其實，他們之所以得到這樣的結論，完全是因為他們都有一種不良的心態——消極。正是由於這種心態，才阻礙了他們的成功。

心態是人生態度的具體化，是人生態度的現實反映。積極樂觀的人生態度決定了人的心態環境，一個人需要有積極的心態。也許你聽過這樣的諺語：「成功吸引更多成功，而失敗帶來更多失敗。」這句話真是一語中的。為成功而努力會使你更有能力邁向成功；如果你什麼也不做，坐等失敗，只會使你遭受更多的失敗。

比爾．蓋茲認為如果你以積極心態發揮你的想法，並且相信成功是你的權利，你的信心就會使你成就所有制定好的明確目標。但是如果你接受了消極心態，並且滿腦子想的都是恐懼和挫折的話，那麼你所得到的也只是恐懼和失敗而已。

這就是心態的力量，為什麼不選擇積極心態呢？

一個人，如果他一生信奉這種理論，認為世事隨時會有轉變，都可能否極泰來，這就是真正的積極心態。這種積極的心態一定會發揮功效。當你面對難題時，如果你期待能撥雲見日，並能樂觀以待，事情最後終將如你所願，因為好運總是站在積極思考者的一邊。具有積極心態的人心中常能存有光明的遠景，即使身陷困境，也能以愉悅、創造性的態度走出困境，迎向光明。

事實上，人生就是如此。我們難免會遇到無數挫折、困難及煩惱，但這並不意味著你註定要被打敗。如果你秉持真誠的信念，勇敢面對人生，堅信好運必來，就能突破重圍，任何難題都將迎刃而解。這一點適用於每一個人以及每一種場合。

這就是積極心態的力量，它會使人意志堅強，使人拒絕被打敗，這也就是盡你一生所有的勇氣來面對人生。

你究竟想做一個英雄還是一個懦夫？你是個意志堅強的人，還是個心志柔弱的人呢？一個具有積極心態的人絕不是一個懦夫，他相信自己，他瞭解自己的能力，一點也不畏懼困難，相信自己能永遠立於不敗之地。他會從所發生的一切事情中掌握對自己最有利的結果，他所堅持的原則是，不斷將弱點轉化為力量。

積極能使一個懦夫成為英雄，從心志柔弱變為意志堅強，由軟弱、消極、優柔寡斷的人變成積極的人。

積極心態具有改變人生的力量，雖然人人皆可達成，但有些人在實行時會發生困難。這是因為某些奇怪的心理障礙會導致積極的思考無效。一個人若是不斷地懷疑、質問，那是因為他不讓積極的思考發生作用。他們不想成功，事實上他們害怕成功。因為活在自憐的情緒中安慰自己，總是比較容易的。我們的大腦必須被訓練成積極思考的模式。

積極的思考只有在你相信它的情況下才會發生作用，並且產生奇蹟，而且你必須將信心與思考的過程結合起來。很多人發現積極的思考無效，原因之一便是他們的信心不夠，以懷疑和猶豫，不停地給它潑冷水。因為他們不敢完全相信一旦你對它有信心，便會產生驚人的效果。

勇敢而大膽地信仰——這是一切成功的法則。沒有任何東西可以永遠阻攔它。信仰可以集中一切力量，不要遲疑，不要怯懦，不要猜測，要勇敢而大膽地相信這一切，這就是勝利。

只要你願意耕耘培養它，積極心態便能發揮力量。但養成它並不容易，它需要艱苦的工作和堅強的信仰，它需要你誠實的生活，擁有想成功的欲望。同時，運用積極的思考時，你必須堅持才能成功。當你確定已經掌握它時，你應再進一步發展積極的心態。

當別人提出新的建議（例如積極的思考），且有助於我們渡過難關時，我們總是下意識地使這些方法不產生作用。這樣，我們便認定是這個原則無效，而不是我們自己有問題。一旦我們瞭解正是這種不健康的心理作崇時，積極的思考便開始發揮它的功用。

當我們做錯了某事而感到內疚，便希望被人懲罰。如果仍無法糾正，我們往往會透過失敗來尋求自我懲罰。要想改變這種情況，首先就必須將這些過錯清除，愧疚感才會隨之消失，自我懲罰的行為也就沒必要了。當此一過程完成後，積極的思考這套原則便能發揮極大的功效。

事實上，人的整個生命可以變得更堅強、更快樂。當我們仔細研讀並應用各項原則後，內心便會有重大的突破。更堅強的信仰、深刻的理解和無畏的奉獻精神將會為你開啟另一扇人生之門。你不僅會精力充沛，可以應付各種問題，你還有足夠的餘力和遠見，對許多人產生創造性的影響。

人生是真實永恆的，總是有各種問題存在。只要以積極的心態去思考與行動，就不會再被任何難題所控制、阻撓。積極心態一定有驚人的效果。

第五節

接受自己的缺點

達爾文說：「如果我不是這麼無能，我就不可能完成這些我辛勤努力完成的工作。」

奧地利心理分析學家阿爾弗雷德·阿德勒認為人人都有自卑感，只是程度不同而已。人類的所有行為，都是出自於「自卑感」以及對「自卑感」的克服和超越。甚至他說：「如果不是因為我天生的自卑，我就不會獲得這麼大的成就。」所以我們完全不必為了自己的自卑感而惴惴不安。

缺點有時候反而會促進成功，這是因為缺點會使人產生強烈的補償心理。這就像盲人在失去視力，他的聽力、觸覺就會變得異常靈敏一樣，為了克服自己生理上的缺陷或心理上的自卑感，而發展自己其他方面的特徵、長處和優勢趕上或超過他人。事實上也正因為如此，自卑感成了許多成功人士成功的動力。

有的時候，所謂的「缺點」並不是真正的缺點，它可能恰恰是我們的特點與特色。影星舒淇小姐說自己長了一張唐老鴨臉，但是笑起來卻比任何人都有味道。所以說在想辦法克服自己的缺點以前，首先要搞清楚它是否真的是缺點。這個世界並不需要整齊劃一，我們需要做的是，按照自己的方式發揮自己擅長的方面來獲得成功。

其實缺點也是一種恩惠，如果我們是完美的，我們就沒有了發展的空間。做人最大的樂趣在於透過奮鬥去獲得我們想要的東西。所以有缺點意味著我們可以進一步完美，有匱乏之處意味著我們可以進一步努力。

每個人都有優點和缺點，在職業生涯中有收穫的人，都是能夠清楚認識自己的人，他們在知識上與能力上或許並不是高人一等，但是他們清楚自己的弱點與不足，並能積極地發揮長處，揚長避短，克服自身的弱點。

有許多人雖然對自己的優點瞭若指掌，但是對存在於自身的弱點卻不敢承認和面對，害怕暴露弱點會被人看透，受到他人的嘲笑和蔑視。如此一來，這些弱點便不斷地發揮著它們的破壞作用，對個人的發展造成了極壞的負面影響。

其實，暴露自己的缺點，有時候並非壞事。對於相互合作來說，這一點尤其重要。如此，才能換取別人的信任和幫助，提高合作的成效。

在紐約一棟不怎麼起眼的辦公大樓裡，一群朝氣蓬勃的年輕人成立了一家屬於他們自己的公司，公司成立的當天，他們在公司最醒目的地方寫下了這麼一段話：

我們感謝過去的時光，因為它為我們帶來歡樂和友誼。

我們感謝經過的困難，因為他們鍛鍊了我們的意志，提升了我們的能力。

我們感激我們所犯的錯誤，因為錯誤給了我們教訓，提醒我們前進。

他們是多麼有勇氣的一群年輕人啊！勇於直視自己的缺點，使其轉化為行為的動力，這種精神，正是許多年輕人所缺乏的。

其實，我們在許多時候是「自己被自己嚇住」了。大家常常會給自己做一些假設：我做不好怎麼辦啦？做不成功太「丟臉」了吧？看樣子這樁事情要「告吹」了吧？這種內在的恐懼阻礙了人的潛力發揮。企業培訓的目的就是要幫助員工把內在的潛力發揮出來，把阻礙減到最低。

如果把一個懂英語的大學生和一個不懂英語的六歲小孩一起送到美國去，半年後，誰的英語說得更好呢？小孩子！為什麼？因為他對自己想知道的事情充滿了好奇心，才不會因為擔心自己說不好、被人嘲笑而心存恐懼。而大學生卻可能因為害怕自己說得不好而羞於開口，長此以往，他仍然會保留著以前不太標準的發音。

美國銀行的經理人們開會時，在還沒摸清執行長官的想法之前，沒有人會發言。但是，在富國銀行卻看不到這樣的情況，這些企業的員工花更多時間來操心可能受忽略的嚴重問題，勝於擔心高級主管的感覺。

有時候，弱點並不如想像的那麼可怕，那麼難以改變，它雖然頑固，但並非力量強大無比，不可撼動。無法戰勝弱點多是出於我們對弱點的恐懼，有些事說起來也許會感到十分奇怪：人們的失敗或不利，很多時候是因為自己未能把心中的恐懼和自身的缺點陳述或顯示出來，未能鼓起勇氣和信心下決心戰勝它。

有一位非常成功的IT女精英在他人讚歎她的成功時曾經說過這樣的話：

每個人在某些時候都會恐懼的。我曾經恐懼過，在我的生活和事業中都恐懼過，有的時候有人說我很勇敢，有些報紙說我是無畏的女人。但是勇氣並不是沒有恐懼，勇氣是有了恐懼以後還敢採取行動。也許你現在害怕將來會怎麼樣，能做什麼事情，往什麼地方走。但是儘管害怕還是需要踏出第一步。

我的生活或者是職業生涯沒有一個明確的路線圖，我是故意找不好做的工作，我找到一個工作後，人們都跟我說妳不應該做這樣的工作，這個工作妳勝任不了，這樣選擇是非常不明智的。

其實，我做艱苦的工作是因為我可以證明我自己，並不是我知道終點，我想現在接受挑戰，做出一些不同的事情。但是我可以看到機會，所以要靈活，即使恐懼也要採取行動，走出第一步，即使你不知道後面的路怎麼走也要踏出那第一步，這些都是你可以做的非常重要的事情。

比爾．蓋茲說：「無論遇到什麼不公平——不管它是先天的缺陷還是後天的挫折，都不要憐惜自己，而是要咬緊牙根挺住，然後像獅子一樣勇猛向前。」

從前有一個小孩，他膽小而脆弱，臉上經常帶著一種驚恐的表情，他呼吸時就好像別人在喘粗氣一樣，一旦被老師叫起來背誦課文或者回答問題，他就會惴惴不安地站起來，而且雙腿抖個不停，嘴唇也顫動不已。自然地，他的回答時常含糊而不連貫，最後，他只好頹廢地坐到座位上。如果他能有個好看的面孔，也許給人的感覺會好一點。但是，當你向他同情地望過去時，你一眼就能看到他那一副實在無法恭維的暴牙！

通常，像他這種小孩，自然是很敏感，他們會主動地回避多采多姿的生活，不喜歡交朋友，寧願讓自己成為一個沈默寡言的人！然而，這個小孩卻不如此，他雖然有許多的缺憾，但是同時在他身上也有一種堅韌的奮鬥精神——一種無論什麼人都可以具有的奮鬥精神。

事實上，對他而言，正是他的缺憾增強了他奮鬥的熱忱。他並沒有因為同伴的嘲笑，而使自己奮鬥的勇氣有絲毫減弱。相反地，他使自己經常喘氣的習慣變成了一種堅定的聲響；

他用堅強的意志，咬緊牙根使嘴唇不再顫動；他挺直腰杆使自己的雙腿不再戰慄，以此來克服他與生俱來的膽小和眾多的缺陷。這個小孩就是美國歷史上最偉大的總統之一，人稱老羅斯福的西奧多．羅斯福。

他並沒有因為自己的缺憾而感到氣餒。相反地，他還千方百計想辦法去利用它們，把它們轉化為自己可以利用的資本，並以它們為扶梯爬到了榮譽的高峰。到他晚年時，已經很少有人知道他曾經有過嚴重的缺憾，他自己又曾經如何地懼怕過它。美國人民都愛戴他，他成了美國有史以來最得人心的總統之一。

比爾．蓋茲說：「我們尊敬羅斯福，同時也希望我們能像他一樣，為改變自己的命運努力做點什麼事。如果我們嘗試著去做一件還有點價值的事，假如失敗了，我們藉故來掩飾自己，那麼我們就是在以自己的缺憾為藉口了。」缺憾應當成為一種促使自己向上的激勵機制，而不是一種寬恕和自甘沉淪的理由。它也可以說是一種表徵，暗示你在上面應當做一點努力。

重要的並不在於你所做的是什麼事，而是在於你應當採取某種行動。最不可取的態度是一點事情都不去做，一味讓自己躲藏在困難的後面。動不動就被困難所嚇倒是很容易讓自己滋生一種自卑感的，久而久之，就什麼事情都不敢去做了。那麼，一個人什麼時候應坦然承認自己的缺陷，什麼時候又應當去和困難奮鬥呢？

如果你只有一條腿，就完全沒有必要勉強自己去做一個長跑運動員。如果你的容貌確實談不上美豔絕倫，就不必非得要去參加什麼選美大賽。在這種情形之下，如果一個人在某些方面確實存在自身不可抗拒的缺陷，就完全沒有必要在這方面和別人爭高低。

一個矮小的人想在體格上炫耀自己，這是何等的愚蠢！一個粗壯的婦人勉強要扮出嬌羞的樣子來東施效顰，這又是何等的可笑！其實對於那些明顯不能去做的事，就不要浪費精力去做了。

但是缺憾並不會妨礙一個人在別的方面做出一些有價值的事情。例如，缺乏健壯的體格和鮮明的性格並沒有妨礙豪斯上校成為戰時最有影響力的人物之一。在這些不利的情形之下，他是如何成功的呢？

在他很小的時候，他就知道自己矮小的身材是一種永遠無法彌補的缺憾，尤其是想到軍隊服役的話。因為它太注重給人的第一印象了。

正因為不能依賴於外表來達到自己的預期目的，於是他就換了一個方法——廣交朋友來達成。廣泛地結交真正的朋友成為他的一種嗜好。

後來，他成了威爾遜最信任的參謀，然而，他與威爾遜之間僅僅是朋友關係而已。

第六章 逼自己成功

乍看之下「逼自己成功」與順其自然的態度似乎有些矛盾，其實不然。有的時候我們在理想與現實之間猶豫不決，長期的舉棋不定，錯過了很多大好時機。人生就是這樣，計畫想得再好再完美，如果不去行動也是毫無意義。每每使夢想走不出夢境，其原因就在於缺乏義無反顧的決心。這個時候我們就應該主動切斷退路，將自己置於死地，逼自己成功。

有一天，龍蝦與寄居蟹在深海中相遇，寄居蟹看見龍蝦正把自己的硬殼脫掉，只露出嬌嫩的身軀。寄居蟹非常緊張地說：「龍蝦，你怎可以把唯一保護自己身軀的硬殼也放棄呢？難道你不怕有大魚一口把你吃掉嗎？以你現在的情況來看，連急流也會把你沖到岩石去，到時你不死才怪呢！」

龍蝦氣定神閒地回答：「謝謝你的關心，但是你不瞭解，我們龍蝦每次成長都必須先脫掉舊殼，才能生長出更堅固的外殼，現在面對的危險，只是為了將來發展得更好而所做的準備。」

寄居蟹細心思量一下，自己整天只找可以避居的地方，而沒有想過如何令自己成長得更強壯，整天只活在別人的庇護之下，難怪永遠都限制自己的發展。

每個人都有一定的安全區，你想跨越自己目前的成就，那麼就請不要劃地自限，勇於接受挑戰充實自我，你一定會發展得比想像中更好。

很多時候，人需要為自己製造一個環境背水一戰，寧可去碰壁，也不要在家裡面壁。古希臘有個大哲學家蘇格拉底。哲學在當時是很崇高的職業，因此很多年輕人來找蘇格拉底。一個年輕人來了，想要學習哲學。蘇格拉底一言不發，帶著他來到河邊，突然用力把他推到了河裡。年輕人起先以為蘇格拉底在跟他開玩笑，並不在意。結果蘇格拉底也跳到水裡，並且拼命地把他往水底按。這下子，年輕人真的慌了，求生的本能讓他拼盡全力將蘇格拉底掀開爬到岸上。

年輕人憤怒地責問蘇格拉底為什麼要這樣做?蘇格拉底回答說：「我只想告訴你，做任何事情都必須有絕處求生那麼大的決心，才能獲得真正的成就。」

傳說老鷹是世界上壽命最長的鳥，有的可以活到七十歲，但是大多數的老鷹只能活到四十歲。當老鷹活到四十歲時，牠的嘴變得又長又彎，幾乎碰到胸膛，牠的爪子已經沒有力量抓住獵物，牠的羽毛長得又長又厚十分沉重，牠的翅膀也變得無力飛翔。

這時候的老鷹只有兩種選擇：等死或是經歷一個十分痛苦的更新過程。這個痛苦的過程歷時一百五十天，這時牠不能飛翔，同時也很危險，任何動物都可能傷害牠。

老鷹首先用自己的嘴狠命地敲擊岩石，直到它完全脫落，然後靜靜地等待新的嘴長出來。接著牠用新長出的嘴，把原來的爪子一根一根地拔出來。等到新的爪子長出來以後，再把自己身上又濃又密的羽毛一根根拔掉。老鷹耐心地等待羽毛慢慢地生長，等到羽毛豐滿以後，牠又變成年輕有力的老鷹，牠還可以再過三十年展翅飛翔的歲月。

無論是在職場還是商場，無論是經理還是企業老闆，我們在無限的機會與威脅中，都深深體驗到改變的必要和困難。同時我們也非常清楚：改變是痛苦的，不改變更痛苦！學習是昂貴的，不學習更昂貴！

一個人如果不被環境、理想及各種因素逼迫，怎麼可能衝得久，又怎麼可能成功？

有這樣一個故事：有一對夫婦搬到一處住宅已經很多年了，他們的臥室裡有一堵牆擋住了光線，這對夫婦一直想把牆拆掉，可是始終嫌麻煩而沒有動手。有一天他們的朋友來作客，夫婦二人又說起了這件事，朋友說：「這有什麼難的？」隨手就拆掉了一塊牆板。既然牆壁已經毀壞，又早就想拆掉，也就別無選擇了。在朋友的幫助下夫婦二人立即動手做了起來。經過了半天的忙碌，一堵牆就拆好了。期盼已久的陽光終於進到臥室。

我有一個朋友從小就喜歡繪畫，但因為小時候一直沒有機會學，現在想圓這個早已被擱置的夢，可是又擔心自己年紀一大把堅持不下來。這時候我就鼓勵她馬上去報書畫班，要報最貴的班，請最貴的老師來教，馬上去買全套的繪畫用品當然也要買最貴的。我這樣做是因為我發現當人們花了一筆令他心痛的錢之後，他們就比較不會放棄。

魯賓遜認為：「一個人只是呆呆地坐著，空想自己得不到的東西是沒有用的。」很多事就是這樣，如果你不去做，夢想無論多麼美好它也只是夢想而已。

無論做什麼事情，自信不可或缺，理想也彌足珍貴，但是最關鍵的還是行動。要達到個人的目標，確信希望在前是一回事，至力於行則是另一回事，所幸世界上有「逼」這件事。我們才能超越自己，完成超越自己能力的事。

第一節

最好的活法就是：順其自然並努力去奮鬥

不管我們怎麼樣努力如何堅強，我們仍然免不了會遭受到失敗的打擊和感情上的傷害，我們每個人遲早都要面對生老病死，更不要說人生中還可能會出現的災難和意外。面對這些，我們能夠選擇的最好的活法就是順其自然並努力去奮鬥，也就是人們所說的接受你改變不了的，改變你可以改變的。

從前有一個人提著魚網去打魚，不巧這時下起了大雨，他一賭氣將魚網撕破，魚網撕破了還不夠，他又因氣忿縱身跳入了池塘，再也沒有爬上來。

這個故事告訴我們下雨不能打魚，等天晴就好了，沒必要跟老天爺賭氣把性命都賠進去。不要讓一場雨下進靈魂裡，不要讓一口怨氣久久不發洩，從而輸掉健康、青春、愛情和一伸手就能摘到的幸福。

「月有陰晴圓缺，人有旦夕禍福」，這是自然規律，是沒有辦法改變的，只能接受它。

人們在生活中常常會遇到幸與不幸的遭遇，要接觸各式各樣的機緣，要經歷種種的坎坷與風雨，這些都是在人生航線上所不可缺少的風景。

最偉大的球星麥可．喬登經常對更年輕的隊員說，別緊張，放鬆些，別讓生活太難。學會以更高境界的態度看待生活中的喜怒哀樂，也不失為一種超脫。我認為，年輕的球員們更應學會「為現在而生活」，讓生活自然發展，遇見困難和挫折時別納悶，不必苛求生活中原本就子烏虛有的那份「完美」。你還要學會體驗過程，如果不知道要享受獲得成功的歷程，那將來的成功就不會顯得那般美妙了。

如果，一個人天生就生活在一個優越而又無憂無慮的家庭，他的未來早已被他的家人安排、設計好了，而且家人還為他的人生鋪好了一條陽光般的道路讓他能夠順利地去走。可以說他的人生根本不需要自己操心，不需要自己去闖，更不需要他的翅膀來承擔生活的重擔。但這樣一個所謂「含著金湯匙」出世的人，他能體會到人生的滋味嗎？他能找到人世間真正的幸福嗎？人生真正的幸福莫過於用自己的力量獲得成功所換來的那種喜悅。

人生的禍福讓人難以預料，假如有一天，他將獨自面對這個社會，面對自己的人生，他恐怕無法承載生活給予他的沉重壓力，只能在人生歲月的河流中掙扎，然後死亡。

人生有低潮，也有高峰，在低潮時好好儲蓄能量，在高峰時盡情展現自己。不要幻想生活總是那麼圓滿，也不要幻想在生活中享受所有的春天，每個人的一生都註定要品嘗苦澀與無奈，經歷挫折與失意。

生活中的不幸，要認為是人生不可避免的，而這些不幸早晚都會過去，時間會沖淡痛苦的感覺。把「這沒有什麼了不起的」這句話在心中重覆幾次。絕不能因為不幸的打擊，就變得憔悴萬分，而應不再痛苦，振作起來，做你自己應該做的事情。

歡樂的體會不可能永恆存在，它是有始有終的，那麼當歡樂的體驗消失後，多少總會有不快的事情出現，甚至是一些劇烈的痛苦。生活不可能一帆風順，歡樂之後出現意外也是基本的生活規律。當然，也有極少數的人會福星高照，連著走運，令人羨慕不已。不過這是極為罕見的，它往往只存在於人們的幻想裡，或者是文學作品之中。即便是現實生活中有一個半個，那麼這種好事也無法伴隨其終生。或大或小的痛苦，總會出現在生活中。煩惱、苦悶、不順心的事，遲早會出現，這是由生活的本性所規定的，也是生活本性的表現。

從上述的角度來看，在人的一生中，痛苦與快樂是交替出現的，這兩者有其一必有其二，相互轉化，相互襯托，相互補充心理上的空白。痛苦與歡樂構成人生的節奏。

貝多芬在寫給別人的信中曾這樣說：「我們這些具有無限精神的人，就是為了痛苦與歡樂而生的。幾乎可以這樣說：最優秀的人物透過痛苦才能得到歡樂。」所以，儘管人們極力追求幸福，追求快樂，同時人們極力躲避痛苦，但是人生有痛苦則是無論如何也躲避不了的事。人們能夠做到的，只有如何縮短痛苦，以及減少和避免那些由於自身的原因所造成的痛苦。而在遇到痛苦之後，則力求化解痛苦，爭取幸福。

英國伊茲船舶保險公司曾經從拍賣市場買下一艘船，這艘船一八九四年下水，在大西洋上曾有一百三十八次遇到冰山，一百一十六次觸礁，十三次起火，兩百零七次被風暴扭斷桅杆，然而它從沒有沉沒過。

伊茲船舶保險公司基於它不可思議的經歷及在保費方面帶來的可觀收益，最後決定把它從荷蘭買回來捐給國家。現在這艘船就停泊在英國薩倫港的國家船舶博物館裡。

不過，使這艘船名揚天下的卻是一名來此觀光的律師。當時，他剛打輸了一場官司，委託人也於不久前自殺了。儘管這不是他的第一次失敗辯護，也不是他遇到的第一例自殺事件，然而，每當遇到這種事情，他總有一種罪惡感。他不知該怎麼安慰這些在生意場上遭受不幸的人。

當他在薩倫船舶博物館看到這艘船時，忽然有一種想法，為什麼不讓他們來參觀這艘船呢？於是，他就把這艘船的歷史抄下來和這艘船的照片一起掛在他的律師事務所裡，每當商界的委託人請他辯護，無論輸贏，他都建議他們去看看這艘船。

這個故事告訴我們在大海上航行的船沒有不帶傷的，就和我們的人生一樣，雖然屢遭挫折，卻能夠百折不撓地堅強挺住，這就是成功的秘密。

柏拉圖說過：「生活從不簡單容易，即便在愉悅順遂的境遇下，你也會遇到需要克服的困難。」世上的一切，倘若憑藉知識就能認識，憑藉意志必能實現的話，那就再容易不過了。失敗和痛苦絕不是僅憑意志力所能抑止的，成功也更不是憑藉「不成功便成仁」這種帶有濃厚的感情色彩的英雄氣概所能得到的。

事實上，當你走投無路時，通道自然而然就會打開，所謂：「山窮水盡疑無路，柳岸花明又一村。」當然，在你陷入走投無路的絕境時是非常痛苦的。但是倘若沒有走上這條路，是不會打開通道，絕處逢生的。因此，無論是哪條路，必然有痛苦相伴。

人生就是這樣，往往會遇到許多不盡人意的事，但是如果沒有這些事也不會有新的回轉，也不可能獲得重塑自我的機會。

比爾．蓋茲先生強調，許多不幸的經歷，我們是無法逃避的，也是無所選擇的。我們只能接受已經存在的事實並進行自我調整，抗拒不但可能毀了自己的生活，也許還會使自己精神崩潰。因此，人在無法改變不公和不幸的厄運時，要學會接受它、適應它。

荷蘭阿姆斯特丹有一座十五世紀的教堂遺跡，裡面有這樣一句讓人過目難忘的題詞：「事必如此，別無選擇。」

命運中總是充滿了無法捉摸的變數，如果它為我們帶來快樂，當然是很好的，我們也很容易接受。但事情卻往往並非如此，有時，它帶給我們的會是可怕的災難，這時如果我們不能學會接受它，反而讓災難主宰了我們的心靈，那生活就會永遠失去陽光。

美國哲學家威廉．詹姆士曾說：「心甘情願地接受吧！接受事實是克服任何不幸的第一步。」，就像以下的故事：

小時候，漢斯和幾個朋友在密蘇里州的老木屋頂上玩，漢斯爬下屋頂時，在窗沿上歇了一會，然後跳下來，他的左食指戴著一枚戒指，往下跳時戒指鉤在釘子上，扯斷了他的手指。漢斯尖聲大叫，非常驚恐，他想他可能會死掉。但等到手指的傷好了，漢斯就再也沒有為它操過心。他已經接受了不可改變的事實。

新英格蘭的婦女運動名人格麗．富勒曾將一句話奉為真理，這句話是：「我接受整個宇宙。」，以及「你我也應該接受不可避免的事實。即使我們不接受命運的安排，也不能改變事實分毫，我們唯一能改變的，只有自己。」

成功學大師卡內基也說：「有一次我拒不接受所遇到的一種不可改變的情況。我像個蠢蛋，不斷做無謂的反抗，結果帶來無眠的夜晚，我把自己整得很慘。終於，經過一年的自我折磨，我不得不接受我無法改變的事實。」

其實所有的困境，包括死亡，都是藉助你自己的恐慌來傷害你。要鎮靜的對待困境，把它看成是一個強大的對手，是命運對你的考驗，你就可以從中獲益。

面對不可避免的事實，我們就應該學著做到詩人惠特曼所說的那樣。

「讓我們學著像樹木一樣順其自然，面對黑夜、風暴、饑餓、意外等挫折。」

我們每個人遲早要學會這個道理，那就是我們只有接受並配合不可改變的事實。面對現實，並不等於束手接受所有的不幸。只要有任何可以挽救的機會，我們就應該奮鬥！但是，當我們發現情勢已不能挽回時，我們最好就不要再拒絕面對，要接受不可避免的事實，唯有如此，才能在人生的道路上維持平衡。

第二節 自己界定成功的定義

成功的標準是主觀的，每個人對它的界定都會有所不同，成功自然包含著人人想得到的功名與成就，但它不是最重要的，更不是唯一照亮世界的太陽。如果你的成功完全是以別人的評判為標準，那麼你的喜怒哀樂豈不是完全由別人來控制，命運掌握在別人手上了？所以，要自己定義成功，每天進步一點點，努力實現自己訂立的目標就是成功。

對於任何你想嘗試的新事物來說，總有某些人比你更在行，更有成就，如果凡事只想爭第一，那就無法避免害怕失敗的心理，就會覺得走向成功的路越走越窄，必然會自我挫敗。世界上比我們有能耐的人多得是。看過馬拉度納踢球的人，還想一身臭汗的在足球隊裡混嗎？聽過帕華洛帝歌聲的人，還想練美聲唱法嗎？讀過曹雪芹《紅樓夢》的人，還想寫小說嗎？如果總是擔心自己比不上別人，也就沒有曹雪芹、帕華洛帝、馬拉度納這類人了，世界和人生也就不會這麼豐富多彩了。俄國作家契訶夫說得好：「有大狗，也有小狗。小狗不該因為大狗的存在而心慌意亂，所有的狗都應當叫，就讓牠們各自用自己的聲音叫好了。」小狗也要大聲叫！實際上，追求一種充實有益的生活，其本質並不是競爭性，並不是把奪取第一看得高於一切，它只是個人對自我發展和幸福美好的生活追求。

許多人之所以凡事都害怕失敗，主要是由於心態消極、意識自卑，同時也和過於看重事情的成敗而看輕自己的選擇有關係。結果就那麼極端重要嗎？把話說穿了，每個人的最終結果都不那麼美妙。死亡的陰影可以給人可怕的威脅，讓人整天灰心喪志，悲觀消沉；但也可以促使人惜時如金，積極努力，提高人生效率，追求一種充實而有意義的生活。

年已半百的卡洛琳·赫巴德是一位樸實端莊的美國婦女。她言談舉止大方，而且時常面帶微笑，使人覺得和藹可親。她一方面是一位著名物理學家的妻子和四個孩子的母親，另一方面又是隨時準備到世界各地救災、拯救生命的勇士。她是「美國救災行動隊」的創建者和領導人。這一個組織的任務是在國內外進行「搜尋和營救」的活動，哪裡有災難，就到哪裡去。

一九八八年十二月，亞美尼亞發生大地震，公寓大樓、住宅、工廠、學校紛紛被摧毀，死亡人數已超過五萬。赫巴德聞訊後幾小時便登上飛機，飛往亞美尼亞。

她和其他營救隊員在零度以下的嚴寒中，在覆蓋幾英里的廢墟中摸索了八天，盡可能地搜尋還有希望救活的人。

有一次，他們在三座坍塌的樓房裡沒有找到什麼，正準備到別處去，一個家人都被陷在這所樓房的男人悲痛萬分地哀求他們再搜尋一下。於是赫巴德他們在他人的幫助下終於找到了埋得很深的一個小女孩，正是那個人十一歲的女兒。

小女孩的兄弟姐妹都已被砸死，而她竟在四天後奇蹟般地得救了。

卡洛琳．赫巴德參加的營救活動不計其數。她曾到過地震後的薩爾瓦多和菲律賓；去過巴拿馬的密林中搜尋生存者；在紐約和田納西尋找因橋樑折斷而受難的人；到過遭颶風襲擊後的南卡羅來納州；到過飛機、火車失事現場和火災水災現場；搜尋救援過丟失的孩子、失蹤的獵人和溺水者……

談到二十年來的收穫和體會，她說：「我喜歡遇到緊急情況時產生的那種緊張感和興奮感。當意識到自己正在做一件有價值的事情時，我會感到一種滿意與自豪。在受災現場，你能看到人類本性最好的一面，也能看到人類本性最壞的一面。而且，我也曾處於某種危難境地之中。最重要的是我學會了品嘗生活，活出了新意。」

救災救人，見義勇為的英雄事蹟，我們知道的不少。但人們總是強調捨己為人的偉大精神，很少有人說是為了自己「學會品嘗生活，活出新意。」卡洛琳．赫巴德女士給我們的啟示就是自由選擇的可貴，求變創新的重要。所以說真正成功的人生，不在於成就的大小，而在於是否自信自愛，求變創新，活出新意。我們一定要打碎「害怕失敗」的枷鎖，敢於去發現人生的新大陸。你可能會像哥倫布一樣盡了最大的努力，卻未能達到你所預期的目標，但是你卻可以在過程中發現更多更新的東西！

第三節

運用潛意識幫助成功

成功者都必須自我激勵。激勵不是別人的贈予，而是自己跟自己玩的遊戲。我要求自己永遠以正面的角度來思考所有的問題。每個人都可以注意自己想要的，而非自己恐懼的。絕對不要去想你不要的東西，否則你一定得到它；絕對要思考你要的東西，這樣，你也一定得到它。

人們普遍存在一些失常現象：有人極力貶低、詆毀自己；有人經不起一點挫折。於是他們就把自己視為「先天不足」、能力低下的弱者，為此而「深切感覺到」自卑，錯誤地認為自己今生今世再也無法改變「命運」的安排，進而導致「誤解——惰性——自卑——更嚴重的惰性」的惡性循環。

人們完全可以認識並打破和拋棄這些神經質的惡性循環。這裡所提到的巧妙方法或「技巧」能幫助讀者盡早擺脫精神的桎梏，使愜意的生活與高效率的工作永遠伴隨著你！

每天拿出幾分鐘讓自己坐著安靜冥想。如果你以前沒有做過冥想，一開始用五分鐘比較適宜。安靜地坐著，調整你的呼吸，讓思想從你的大腦中輕輕地流過。不要刻意選擇重點，讓思想自由翱翔。這是大腦的自由思考狀態，不要刻意擺脫它。

有很多關於冥想的書或培訓班都可以為你提供幫助。不管你從哪裡開始與如何開始，最後你都會找到最適合你的方式。一般我都會安靜地坐著並且問自己：「我需要什麼？」如果答案想來，我就讓它來；如果它不想來，我知道它以後會來。冥想的方式無謂對錯。

另一種冥想的方式是安靜地坐著，體會呼氣與吸氣時空氣進出你的身體。在你吸氣時數一，在你呼氣時數二。連續數到十，然後再從一開始。如果你發現你已經數到二十五或者其他十以上的數字，只要重新從一開始就可以了。

人的頭腦分為意識、潛意識（下意識）、超意識。所有的改變都在潛意識。我想很多人都聽說過潛意識，知道潛意識，可能也用過潛意識，以下是幾個運用潛意識成功的例子。

激勵大師安東尼祿賓在窮困落魄睡吊床的時候，他就想像將來要住城堡，他想像著城堡的畫面，想得非常仔細，就如同他親眼見到了一樣。城堡是什麼形狀、顏色、層數，房子要面對大海，他太太要長什麼樣子，有什麼個性，要有四個小孩子，之後小孩子要做什麼全部寫下來，然後想像、感受處在那種環境中的感覺，並且讓全身的每一個細胞都習慣這種感覺。

後來他的想像都一一實現了，他的太太跟他描述的一模一樣，安東尼祿賓真的有四個孩子，不可思議吧！很多人都以為想像是天方夜譚，事實上所有的成功者都知道，這是個有效的方法。

芝加哥公牛隊六次獲得NBA的冠軍，他們的教練原來是湖人隊的教練，在比賽之前他一定要每個球員利用潛意識的力量，讓球員靜坐三十分鐘，先想像今天比賽會成功，會得冠軍，然後球員才開始練球。你可能會覺得一個籃球隊竟然幻想靜坐，這是什麼訓練？可是這個教練偏偏就是全美國最有名的教練，不止是公牛隊、湖人隊，事實上頂尖的成功者也是用他這種方法成功的。

麥可．喬登回憶說，我在比賽時總是運用「想像戰術」——想像我的成功，想像我會拿多少分，如何拿分，想像怎麼樣才能打敗對手。

比如和雷傑．米勒這樣的得分球員比賽，我會想像他的技法、他的長處，還有他會怎樣拿到球等等，好像整場比賽的情形都會顯現在我的腦海中，然後，我會根據所想像到的制訂對策。

我對場上技術統計數字不會太留意，所以經常不知道究竟誰的投籃命中率高，但是對NBA中每個球員的特點、優勢我會瞭若指掌，我沒有百分之百地按自己想像的打法比賽，但至少絕大部分時候是這樣。

事先想像一場比賽的可能形勢有助於我做好心理準備，針對性地進行備戰。一旦比賽開始，我就從不想結果會如何，就光憑著直覺打球賽，當然我的腦海裡早已事先形成克敵制勝的獨特打法。

直到我籃壇生涯的後期，我才充分意識到這種「想像戰術」的威力所在，原來我一直是在探索、實踐著這種戰術。其實，我認為每位球員甚至每個平常人都應該學會這一個生活技巧。

金．凱瑞大概在他十幾歲的時候，就下定決心一定要成功。他的家庭背景不是很好，所以他每天就只好在那裡搞笑，每天看著鏡子做些奇怪的鬼臉。

假如你看過金．凱瑞的電影，你一定會很好奇地說，他的嘴巴怎麼可以張那麼大？他的臉怎麼可以歪成那個樣子？事實上那是他連續練習十五年的成果。亞洲喜劇巨星周星馳非常欣賞金．凱瑞，時常在模仿金．凱瑞。每一個成功的人士，事實上都有一個成功的榜樣。

金．凱瑞那時候下定決心一定要成功，結果他就運用潛意識的力量。有一天，他拿出一張空白支票，上面寫著：「這張支票要付給金．凱瑞一千萬美金，在一九九五年底，要擁有一千萬美金的現金。」

他開了一張支票，後來就把這張空白支票攜帶在身上。每天有事沒事就把這張一千萬美金的支票拿出來看——「金．凱瑞得到一千萬美金，在一九九五年年底」，「金．凱瑞得到一千萬美金，在一九九五年年底」……每天這樣看。

很巧的是，在一九九五年，金．凱瑞從事電影的第二年，他得到一個契約，高達兩千萬美金一部片子，超過他原來的期望。後來他父親過世，他回到父親的墓地那邊，把那張空白支票，自己簽字的支票擺在他父親的旁邊，他說：「父親，我終於成功了！」

意識的力量無所不能，任何一個成功的人都運用潛意識的力量，你不妨今天再一次把你的夢想貼出來！它有助於幫你瞄準目標和擊中目標。描繪你的理想生活，才有可能實現你的夢想。

經濟蕭條打擊了希爾頓，自一九二九年股市大崩盤後，沒有人想要旅行，就算是有，他們也不會住進希爾頓在二〇年代中收購的那些旅館。到了一九三一年，他的債主威脅要撤銷抵押權。他的洗衣店不但被典當，他甚至還被迫向門房借錢糊口。在這潦倒之際，希爾頓偶然看到了沃爾多夫飯店的照片：六個廚房、兩百名廚師、五百位服務生、兩千間房間，還有附屬私人醫院與位於地下室旁的私人鐵路。他將這張照片剪下來，並在上面寫上了「世界之最」。

希爾頓事後形容一九三一年：「那段迷失而混亂的日子真是連想都不敢想。」但那張沃爾多夫飯店的照片自此就保存在他的皮夾裡，一直激勵著他努力奮鬥。當他再度擁有自己的書桌後，他便將照片壓在書桌的玻璃板下，隨時看著它。在事業漸有起色而且買了新的大桌子後，他仍把那張珍貴的照片放在玻璃板下面。十八年後，一九四九年十月，希爾頓買下了沃爾多夫飯店。那張照片使得希爾頓的夢想有了具體的雛形，讓他有一種可以全力以赴的目標。那張照片就像是一張提示卡，如同格利布朗放在桌上的雜誌一樣，不斷地激勵他們向目標邁進。

國家圖書館出版品預行編目資料

別讓不懂成功的成功學害了你 / 林大有著.
——第一版——臺北市：字阿文化 出版；
紅螞蟻圖書發行，2016.09
面　；　公分——(勵志系列；04)
ISBN 978-986-456-027-1（平裝）

1.成功法 2.生活指導

177.2　　105014368

勵志系列 04

別讓不懂成功的成功學害了你

作　　者 / 林大有
發 行 人 / 賴秀珍
責任編輯 / 韓顯赫
校　　對 / 朱美琪、謝容之
美術構成 / 上承文化
出　　版 / 字阿文化出版有限公司
發　　行 / 紅螞蟻圖書有限公司
地　　址 / 台北市內湖區舊宗路二段121巷19號(紅螞蟻資訊大樓)
網　　站 / www.e-redant.com
郵撥帳號 / 1604621-1　紅螞蟻圖書有限公司
電　　話 / (02)2795-3656（代表號）
傳　　真 / (02)2795-4100
登 記 證 / 局版北市業字第1446號
法律顧問 / 許晏賓律師
印 刷 廠 / 卡樂彩色製版印刷有限公司
出版日期 / 2016年 9 月　第一版第一刷

定價 240 元　港幣 80 元

ISBN 978-986-456-027-1　　Printed in Taiwan